MYDATA BUSINESS

마이데이터 비즈니스

서프슈머의 탄생
SupSumer

김경곤

박영사 서강비즈니스북스
SOGANG BUSINESS BOOKS

| 목차

★ 서론

오직 나만을 위한 마이데이터 시대,
정보 독점에서 정보 개방 시대를 거쳐 정보 융복합 시대로

2023년 지금은 마이데이터 시대이다. 2

데이터 비즈니스에서 소비자 중심이란 무엇일까? 3

데이터 비즈니스에서 정보통제권은 누가 갖게 될까? 5

★ PART 01 | 데이터와 빅데이터

데이터는 왜 중요한가?

데이터 사피엔스(Data Sapiens) 10

1. 데이터 11

2. 빅데이터 26

3. 데이터 산업 활성화를 위한 주요 법률 40

★ PART 02 | 마이데이터(Mydata) ─────────

내 정보는 누구의 것인가?

데이터 경제(Data economy)와 능동적 자기 정보관리 48

1. 마이데이터 49

2. 마이데이터 산업의 이해 56

3. 국내 · 외 마이데이터 사업자 운영 사례 65

4. 마이데이터 플랫폼 구성 요소 71

5. 마이데이터 산업 내 주요 이슈들 73

6. 국내 마이데이터 산업에서 나타나는 실무적 문제점 79

★ PART 03 | 소비자 중심 데이터 비즈니스 ──────

내 정보를 활용한 비즈니스의 중심은 바로 나

마이데이터 비즈니스의 원칙 82

1. 데이터 비즈니스 84

2. 마이데이터 비즈니스 모델 유형 90

3. 데이터 공개의 소비자 행동에 관한 이론적 고찰 93

4. 기업 중심 데이터 비즈니스에서 소비자 중심으로의 변화 101

5. 소비자 중심 데이터 수집 방식의 시스템적 이해 105

6. 소비자 중심 마이데이터 비즈니스 사례 112

마이데이터 비즈니스
서프슈머의 탄생

★ 결론

소비자 중심 데이터 비즈니스의 가치

1. 소비자 중심 데이터 비즈니스 산업 측면의 가치 120

2. 소비자 중심 데이터 비즈니스 소비자 측면의 가치 122

3. 소비자 중심 데이터 비즈니스 기업 측면의 가치 125

4. 소비자 중심의 데이터 비즈니스 활성화를 위한 정책 129

| 표 목차

표 1 개인데이터의 범위에 따른 구분 14

표 2 마이데이터 원칙과 데이터 주권과의 연관성 23

표 3 데이터 분석 과정 및 주요 세부 기술 30

표 4 빅데이터 산업의 특징 32

표 5 「데이터3법」 주요 개정 내용 42

표 6 국내 마이데이터 사업자 현황 57

표 7 마이데이터 사업자의 업무 범위 59

표 8 마이데이터 비즈니스 모델 유형 91

표 9 디지미의 수집 데이터 117

마이데이터 비즈니스
서프슈머의 탄생

그림 목차

그림 1 기업 중심 데이터 수집으로 인한 소비자 문제가 기업에 미치는 영향 5

그림 2 기업 중심과 소비자 중심 데이터 비즈니스의 정보통제권 및 영향 비교 6

그림 3 데이터: 흔적 · 기록 · 로그 · 수집 분석 활용의 역사.......................12

그림 4 개인데이터의 유형..15

그림 5 일상에서 생성되는 개인데이터 16

그림 6 데이터 가치사슬...19

그림 7 GE항공 플라이트펄스(FlightPulse) 앱 화면...........................21

그림 8 빅데이터의 특성(8Vs) 29

그림 9 인도 빈민 지역 데이터 조사원, 나마다 벤(Narmada Ben)..........35

그림 10 디지털 성숙도 모델...37

그림 11 이미지 딥러닝 기술...38

그림 12 마이데이터 서비스 구성 49

그림 13 마이데이터의 개념 50

그림 14 마이데이터 활용 유형 예시 53

그림 15 마이데이터 서비스 중계기관 60

그림 16 마이데이터 서비스 예시 61

그림 17 마이데이터 사업자 및 서비스 적용사례...................................62

그림 18 디지미 개인정보 플랫폼 70

그림 19 비즈니스 모델 캔버스 85

그림 20 구글(Google)의 비즈니스 모델 캔버스 86

그림 21 넷플릭스(Netflix)의 비즈니스 모델 캔버스 87

그림 22 우버(Uber)의 비즈니스 모델 캔버스 88

그림 23 마이데이터 산업의 비즈니스 모델 캔버스 89

그림 24 정보보호 소비자 행동의 개념 모델.................................... 100

그림 25 데이터 관리 주체의 변화 102

그림 26 마이데이터 수집 프로세스 105

그림 27 소비자 중심 데이터 수집과 활용, 보상시스템 개념도 108

그림 28 삼성 갤럭시 수리 모드와 아이폰 락다운 모드 111

그림 29 다양한 원격의료 기업(미국) 113

그림 30 체크업 플러스의 소비자 중심 데이터 비즈니스 모델.................. 114

그림 31 개인 헬스 데이터 유통 흐름도................................. 115

그림 32 카테고리별 개인정보 수집기관 수.............................. 116

그림 33 데이터 종류별 수집가능기간 및 수집 종류........................... 118

마이데이터 비즈니스
서프슈머의 탄생

서론

오직 나만을 위한 마이데이터 시대,
정보 독점에서 정보 개방 시대를 거쳐
정보 융복합 시대로

2023년 지금은 마이데이터 시대이다.

지능정보사회인 4차 산업혁명 시대가 본격적으로 시작되면서, 혁신 기술 기반의 디지털 경제 속에서 우리의 삶의 방식이 빠르게 디지털로 전환되고 있다. 정보통신기술(ICT), 빅데이터(Big data), 인공지능(AI), 사물인터넷(IoT), 가상현실(VR/AR/MR), 메타버스(Metaverse), 블록체인(Blockchain) 등 다양한 기술 중에서도 디지털 경제 시장에서 경쟁력을 갖춘 사업자가 되기 위해서는 빅데이터의 수집 및 활용이 가장 중요하다.

빅데이터는 검색엔진, 소셜 네트워크, 인터넷 쇼핑 등 우리의 실생활 전반에서 축적되고 생성되고 있으며, 이러한 데이터를 보유한 온라인 플랫폼(Platform) 사업자들은 서비스 품질을 더욱 향상할 수 있는 값진 자원을 갖게 되었다.

지난 2020년 8월 「데이터3법」 개정을 통해 2022년 1월부터 전면 시행된 마이데이터 서비스인 '본인 신용정보 관리업'은 정보 주체인 개인이 각종 기관과 기업 등에 분산된 자신의 신용과 관련된 정보를 한 번에 확인할 수 있게 만들었으며, 마이데이터 사업자에게 자신의 정보를 제공함으로써 맞춤 상품추천 등 온 디맨드 서비스를 받을 수 있게 하였다. 이제 개인의 데이터는 다른 데이터들과 융복합된 빅데이터를 기반으로 새로운 가치를 창출하는 원천이 된 것이다. 3차 산업혁명 시대까지 해당 기관의 독점 자원이었던 개인정보는 4차 산업혁명 시대로 접어들면서 개방되기 시작했고, 마이데이터 산업 시대에서 비로소 융복합된 정보로서 그 가치가 더욱 커지게 되었다.[1]

소비자가 여러 곳에 흩어져 있던 개인정보를 모아서 제공했을 뿐인데, 맞춤 상품이나 서비스를 추천받는 것은 어떻게 가능한가? 여러 개인정보가 모여 융·복합화된 빅데이터는 자신도 규정하기 어려운 자신만의 성향이나 특성, 소비패턴 등을 다른 사람들과 비교하기 수월한 환경을

---

[1]   김범준, 이채율(2021), 온라인 플랫폼 기업의 빅데이터 독점에 관한 경쟁법상 쟁점, 법이론실무연구, 9(2), 91-117.

만들어 주었으며, 오롯이 소비자나 특정 사용자만을 위한 소비자 중심의 데이터 비즈니스를 가능하게 하는 수준으로 진화하고 있다.

또한 「데이터3법」의 개정으로 그간 혼재되어 있거나 불분명했던 개인정보에 관한 개념이 분명히 정립되면서, 개인데이터를 바탕으로 하는 마이데이터 산업은 정보 주체의 법적·제도적 기반을 확충하고 데이터 산업의 촉진을 위한 발판도 마련하게 되었다.

하지만 여전히 정보 주체인 개인이 주도적으로 개인정보를 관리하지 못하고 기업이나 기관의 주도하에 개인이 수동적으로 참여하고 있다.

따라서 데이터 경제, 플랫폼 경제, 공유경제 등 산업 및 사회 전반에서 빅데이터로 인한 삶의 질적 변화가 속도를 내고, 소비자 권력이 강화되는 지금에, 초기 단계인 마이데이터 산업에서도 소비자 권리와 데이터 통제권에 초점을 맞춘 소비자 중심의 서비스 구조에 관한 논의가 필요하다.

이러한 흐름에 발 맞춰 2023년 3월 「개인정보보호법」이 재개정 되어 개인 정보 전송 요구권에 본인이 포함되는 등 데이터 통제권이 한층 강화되는 법안이 2023년 9월 시행을 앞두고 있다.

데이터 비즈니스에서 소비자 중심이란 무엇일까?

마이데이터 산업으로 불리는 본인 신용정보 관리업은 「신용정보법」 개정을 통해 제도화되었다. 「신용정보법」에 따르면, 일반 개인인 정보 주체가 다양한 산업 및 분야에 산재해 있는 신용정보를 마이데이터 사업자로 인가 받은 자에게 전송해 달라고 요청하면, 요청 받은 기관에서는 정보 주체가 지정한 마이데이터 사업자에게 정보를 전송해야 한다.[2]

이 법의 취지는 정보 주체가 본인이 지정한 마이데이터 사업자의 서비스를 이용해 흩어져 있는 본인의 정보를 일괄적으로 조회할 수 있고,

---

2   제4절 신용정보집중기관 및 데이터 전문기관 등, 2020. 2. 4. 신설.

마이데이터 사업자는 정보 주체에게 개인 맞춤형 서비스를 제공하게 한다는 점에 있다.

그러나 현실은 대다수의 정보 주체가 마이데이터 사업자에게 본인의 온전한 정보 제공 자체를 꺼리고 있다. 왜냐하면 내 정보가 어디에 어떻게 사용될지 모르기도 하고 제삼자에게 정보가 제공되어 원하지 않는 결과를 낳을지도 모른다는 불안감에 내 신용과 관련된 모든 정보를 제공하는 게 왠지 꺼림직하기 때문이다.

다음 페이지의 [그림 1]은 기업 중심의 데이터 수집 관행이 소비자행동에 어떤 영향을 주고, 궁극적으로 기업 활동에 어떤 영향을 미치는지를 나타낸다. 자신의 민감한 개인정보를 제공했을 때, 내가 너무 적나라하게 드러나는 것은 아닌지 내 정보를 어디에 사용하는지 또는 해킹 등의 염려 때문에 소비자는 매우 소극적인 행동을 취할 수 있고, 그로 인해 서비스를 받기 위한 최소한의 정보만을 제공하는 경향이 있다. 결국 기업은 개인의 온전한 데이터 수집이 어려워지고 이는 개인에 대한 최적의 서비스가 어려워지며 결국 마이데이터 산업의 본래 목적인 개인 맞춤형 서비스 제공도 어려워 진다.

따라서 소비자가 염려하는 문제를 해결하려면 데이터를 수집할 때 소비자가 본인의 데이터를 직접 관리할 수 있도록 하여 데이터 유출이나 활용에 신뢰를 확보하는 것이 관건이다. 소비자가 신뢰할 수 있는 방법은 전 국민의 대다수가 사용하는 스마트폰에 저장하게 하거나 PDS(Private Data Storage)에 저장하는 방법이다. 그리고 그 안에서 최적의 개인 맞춤형 서비스를 제공함으로써 마이데이터 산업의 본래 목적 달성이 가능해진다.

그림 1 기업 중심 데이터 수집으로 인한 소비자 문제가 기업에 미치는 영향

출처 : 저자 정리

데이터 비즈니스에서 정보통제권은 누가 갖게 될까?

이 책에서는 개인 신용정보를 마이데이터 사업자가 집중해서 저장하는 방식을 '기관 중심 데이터 비즈니스'라고 칭한다. 반면 '소비자 중심 데이터 비즈니스'는 개인의 데이터를 수집 · 저장 · 활용 · 폐기하는 데이터 처리의 전 과정에서 정보 주체인 개인이 직접 관여하는 방식으로 정의한다.

다음 페이지의 [그림 2]는 기존의 기관 중심의 데이터 수집 관행이 소비자 중심의 데이터 수집 관행으로 전환되었을 때 개인 정보통제권이 소비자에게로 이전 되고, 그에 따른 영향으로 소비자가 능동적 · 적극적으로 마이데이터 비즈니스에 참여하게 된다는 결과를 비교하고 있다.

그림 2 　기업 중심과 소비자 중심 데이터 비즈니스의 정보통제권 및 영향 비교

⤢ 출처: 저자 정리

　기관 중심과 소비자 중심의 데이터 비즈니스를 비교했을 때 가장 큰 차이점을 꼽자면, 바로 수집되는 데이터를 사업자가 갖느냐 아니면 소비자인 사용자가 갖느냐이다. 정보 주체의 관여를 줄이고 자유롭게 데이터 활용이 가능한 기관 중심에서는 데이터 활용과 제삼자 정보 제공에 따른 어떠한 보상도 개인에게 주어지지 않는다. 즉, 수집되는 정보를 어디에 누가 저장하는지에 따라, 정보 주체의 정보통제권을 실질적으로 보장하는지 아니면 형식적으로 보장하는지가 결정된다.

　기존의 사업자 중심이었던 데이터 저장 방식이 개인의 단말기(또는 저장소)에 개별적으로 분산 저장되고, 데이터의 관리주체도 사업자에서 개인으로 중심이 이동되면, 개인은 단순한 정보 제공자가 아닌 정보 주권자로서 실질적인 지위를 갖게 된다. 이는 처음 1회 사전 동의[3]를 받은 사업자가 이후에 아무 제약 없이 개인데이터를 제삼자에게 제공하는 기존의 관행을 행하기 더 어려워지고, 제삼자에게 데이터를 제공하고자 할 때마다 정보 주체에게 새롭게 동의를 받아야 하는, 보다 엄격한 통제권

3　'개인정보 활용에 대한 사전 동의'의 의미는 정보 주체가 주체적으로 자신의 정보를 선별적 혹은 선택적으로 결정하는 것이 아닌, 정보를 제공받은 사업자가 언제든지 정보를 활용하고 제삼자에게 제공할 수 있도록 하는 절차를 말하며, 이는 개인정보 활용 동의의 일반적 방식이다.

마이데이터 비즈니스
서프슈머의 탄생

을 갖게 됨을 의미한다.

소비자 중심 데이터 비즈니스의 본질은 정보 통제권을 통해 물리적으로 개인이 갖는 비즈니스 환경을 조성하고, 이를 위한 시스템과 서비스를 구현하는 것이라 할 수 있다. 이 책은 온전한 개인정보를 수집하는 것이 마이데이터 산업의 발전을 위한 기본요건임을 전제로, 온전한 개인정보를 수집할 수 있는 방법을 찾아보고 그런 방식은 어떻게 이루어지며 소비자에게 어떤 효용이 있는지 알아보고, 관련 정책 방향을 제시해 보고자 한다. 또한 빅데이터로서 마이데이터는 어떤 가치를 가지고 있고, 이를 기반으로 하는 비즈니스는 어떻게 가능한지 차근차근 살펴보도록 한다.

본 서에서는 다음의 질문을 중심으로 문헌 연구와 사례 분석 등을 통해 해답을 찾아가고자 한다.

1) 데이터 소유권과 데이터 활용권의 문제: 왜 마이데이터 산업은 기관 중심으로 마이데이터 사업자를 선정(인가)하고 정보 주체인 개인의 참여를 최소화하면서 진행되는가? 내 개인데이터는 진정 나의 소유인가?

2) 정보 주권의 확립 및 환원 문제: 정보 주체인 소비자의 자기 정보 결정권과 데이터 주권을 확립하여 정보 주체인 개인에게 환원하고 그것이 적극적이고 능동적인 소비자 행동으로 이어져 마이데이터 산업의 진흥을 촉진하도록 어떻게 소비자 중심으로 전환할 것인가?

3) 데이터 활용 수익에 대한 문제: 왜 데이터의 주인인 소비자는 활용자인 사업자의 수익 실현에 참여하거나 배분받을 수 없는가?

4) 소비자 중심의 마이데이터 비즈니스 모델 정립의 문제: 어떻게 정보 주체인 개인(소비자)이 생성한 개인데이터를 기반으로 소비자 중심의 마이데이터 비즈니스를 할 수 있게 만들 것인가?

5) 소비자 중심의 마이데이터 서비스 개발의 문제: 소비자 중심의 온디맨드 데이터 서비스를 어떻게 구축해야 소비자의 가치와 만족이 더 높아지는가?

PART 01

데이터와 빅데이터

데이터는 왜 중요한가?

1 | 데이터

2 | 빅데이터

3 | 데이터 산업 활성화를 위한 주요 법률

데이터 사피엔스(Data Sapiens)[4]

디지털 경제의 정착과 코로나19 감염병 확산으로 우리들의 생활 패러다임이 대면에서 비대면으로, 오프라인에서 온라인으로 급격하게 전환되었다. 주기적으로 필요한 상품은 구독을 통해 정기배송 서비스를 이용하고, 배달플랫폼 앱을 통해 음식이나 식자재를 주문하는 게 이제는 자연스럽다. 이제 더 이상 본방송 시청이 아닌 유료 OTT 플랫폼을 통해 VOD(Video On Demand)로 영화나 방송, 드라마 콘텐츠를 실시간으로 즐긴다. 다양한 기술의 발전과 시대의 패러다임이 바뀌면서 여러 양상들을 살펴볼 수 있는데, 이 모든 것의 기반에는 데이터(Data)가 있다. 바야흐로 데이터 기반의 인간, 즉 '데이터 사피엔스'의 시대인 것이다.

책『포노 사피엔스』의 저자는 스마트폰을 신체 일부처럼 사용하고 지식은 암기가 아닌 검색으로 인지하는 인류의 새로운 행태를 지적했다.[5] 하지만 스마트폰 기기 자체 효용성만으로 이러한 삶의 모습이 만들어질 수 없을 것이다. 포노 사피엔스가 가능한 밑바탕에는 역시나 데이터라는 자원이 자리하고 있고, 이 데이터를 다양한 기기를 통해 활용하는 사람의 행동 양식이 드러나는 것이다. 따라서 '21세기의 원유'라고 불릴만한 이 데이터는 우리 삶을 바꾼 원동력이자 변화의 씨앗이라 할 수 있다. 그렇다면 먼저 이렇게 중요한 데이터에 대해서 알아보자.

---

4   데이터 사피엔스: 일상생활에서 데이터를 사용하는 인간.
5   포노 사피엔스(저자 최재붕): 휴대전화를 도구로 사용하는 인간.

데이터

데이터의 역사: 흔적, 기록, 로그, 수집 분석 활용

데이터는 사람 또는 기계가 사용할 수 있는 기록물로 정의할 수 있다. 동굴이나 벽화 등에 흔적을 남기던 인간은 1440년 활자 기술 발명 이후 본격적으로 기록을 남기기 시작했다. 하지만 우리나라는 이보다 앞서, 1145년 고려 인종의 명령에 따라 편찬된 삼국사기 이후 본격적으로 기록을 남기기 시작했다. 기록은 데이터와 정보가 되었고, 지식으로 정제되어 후대에 전수되면서 문명의 바탕이 되었다.

이후 책 등에 기록되던 데이터는 1990년대에 이르러 정보기술의 발달, 인터넷 확장과 개인용 컴퓨터(PC)의 보급 등으로 로그의 형태로 양이 급증하기 시작했다. 이는 다시금 모바일 기기, 곧 스마트폰과 무선 데이터 환경의 발달에 따라 기하급수적으로 증가하게 되었고 현재 진행형인 4차 산업혁명(Industry 4.0), 즉 지능 정보화 시대에 이르러 데이터는 [그림 3]과 같이 천문학적 규모로 급증했다. 앞으로 데이터는 새로운 자원, 자본으로서 그 가치가 더 높아질 것으로 예상된다.

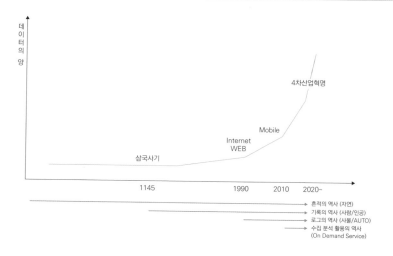

그림 3 데이터: 흔적 · 기록 · 로그 · 수집 분석 활용의 역사

> ◁ 출처: 저자 정리

저명한 미래학자 앨빈 토플러(Alvin Toffler)는 대표 저서 『제3의 물결 (1980)』에서 20~30년 안에 지식과 정보 기반의 사회가 도래할 것으로 예측했다.[6] 즉, 농업사회(제1의 물결)에서 산업사회(제2의 물결)를 거쳐, '제3의 물결'인 정보화 사회가 올 것이라 확신했다. 40여 년이 지난 현재, 그가 예측한 '제3의 물결'은 제4차 산업혁명, 곧 지능 정보화 사회라는 이름으로 훨씬 더 빠르고 강렬하게 다가왔다. 이 기간 동안의 변화와 현 상황에 비추어 보면, '물결(Wave)'이라는 표현은 너무나 완곡한 표현이다. 지능 정보화 사회가 불러일으키는 변화는 '쓰나미(Tsunami)'처럼 강력하다.

지능 정보화 사회로의 변화는 세 번의 큰 변곡점을 찾아볼 수 있는데, 그 첫 번째는 개인용 컴퓨터(PC)의 보급이고, 두 번째는 인터넷과 웹의 확장, 세 번째는 스마트폰을 중심으로 하는 모바일 시대의 개막이다. 이는 사물인터넷(IoT), 빅데이터(Bigdata), 인공지능(AI), 가상현실(VR), 증강

---

6   앨빈 토플러, 원창엽 역, 제3의 물결, 홍신문화사, 2006.

마이데이터 비즈니스
서프슈머의 탄생

현실(AR) 등의 기술에 기반하여 디지털 대전환(Digital Transformation)의 양상으로 점차 확대되어 가는 형국이다. 이 변화의 중심에 바로 데이터가 자리 잡고 있다. 이러한 데이터의 유형과 종류는 기준과 용도에 따라 다르게 구분될 수 있다.

데이터의 유형

데이터(Data)는 숫자, 문자, 그림, 음성, 영상, 전자 신호 등으로 표시된 자료로서 건강검진 데이터, 날씨 정보, 유전자 정보, 고객 관계 정보, 위치 추적 데이터, 통신망 이용 데이터, 교통 정보, 인구 조사 정보, 금융 거래 내용 등 다양한 형태와 효용 및 가치를 지니고 생성되고 있다.

[표 1]과 같이 개인데이터의 범위를 개념적으로 더 세분화하면, 한국데이터산업진흥원이 구분한 것처럼 개인 속성 데이터(Personal Attribute Data), 자발적 데이터(Volunteered Data), 관찰된 데이터(Observed Data), 추론된 데이터(Inferred Data)로 나눌 수 있다.[7] 개인 속성 데이터는 개인을 식별하거나 설명할 수 있는 데이터이고 보통 개인정보 범위에 해당한다. 자발적 데이터는 정보 주체인 개인에 의해 만들어지고 의지적으로 공유 또는 전달된 데이터로 모바일 기기(휴대폰) 번호나 사진, 이메일 등이다. 관찰된 데이터는 개인의 활동이 기록되어 수집된 데이터로 인터넷 접속 로그 기록, 교통수단 이용 내역, CCTV 촬영 기록 등이 이에 해당한다. 추론된 데이터는 앞서 구분한 개인 속성 데이터와 자발적 데이터, 관찰된 데이터 등을 분석해 도출된 데이터로 개인신용평가 점수, 구매패턴, 프로파일링 데이터 등이 있다.

---

7   한국데이터산업진흥원, 마이데이터 서비스 안내서.

표 1 개인데이터의 범위에 따른 구분

구분	주요 내용	예시
개인 속성 데이터 (Personal Attribute Data)	개인을 설명할 수 있는 데이터로 가장 일반적인 개인데이터 범위	이름, 생년월일, 성별, 주소, 학력, 직업 등
자발적 데이터 (Volunteered Data)	개인에 의해 생성되고 개인의 의지로 공유한 데이터	핸드폰 번호, 사진, 이메일, 온라인 거래 내역, 블로그, 눈, 가입 및 등록신청서 등
관찰된 데이터 (Observed Data)	개인의 활동이 기록되어 수집된 데이터	인터넷 접속 내역, CCTV 등
추론된 데이터 (Inferred Data)	개인 속성·자발적·관찰된 데이터 등을 분석해 도출한 데이터	개인신용평가 점수, 구매패턴, 프로파일링 등

출처: 한국데이터산업진흥원, 마이데이터 서비스 안내서

[그림 4]와 같이 개인 속성 데이터를 더 세분화하면, 개인의 신원을 확인할 수 있는 고유 식별정보, 개인의 사생활 침해의 소지가 있는 민감 정보, 바이오 기술을 활용한 인증 정보, 의료기관 등에서 생성하는 건강 및 의료 정보, 금융기관에서 생성하는 신용정보 등이 있다.

그림 4   개인데이터의 유형

⚙ 개인데이터의 유형

- 고유 식별정보
  주민등록번호, 여권번호, 운전면허번호, 외국인등록번호와 같이 그 자체로
  개인의 신원을 확인할 수 있는 정보
- 민감 정보
  개인의 정치사상, 신체나 정신 장애, 성적 취향, 유전자 검사 정보, 범죄 경력 등
  사생활 침해의 소지가 있는 정보
- 인증 정보
  공인(동)인증, 간편인증, 홍채, 지문, 정맥 등 바이오 정보
- 건강 및 의료 정보
  개인의 건강 상태 정보 및 진료, 투약 기록 등의 의료기관에서 생성하는 정보
- 신용 정보
  개인 신용과 관련된 정보로 신용카드정보, 은행 등 금융기관 거래 정보,
  신용등급, 연봉 등 소득 정보, 자산 정보 등
- 비정형 정보
  SNS 등의 텍스트, 이미지, 영상 및 검색기록 등

개인데이터의 가치

일상생활 속에서 개인은 많은 데이터를 사용하기도 하고 반대로 데이터를 생성하기도 하는 주체이다. 모바일을 통해 필요한 정보를 검색하고, 영상 콘텐츠를 시청하며, 필요한 물품을 주문하거나 배달시킨다. 또한 SNS에 직접 글을 쓰거나 사진을 올리면서 다양한 데이터를 생성한다. 이러한 일상의 모든 것들은 기록되고 저장된다. 코로나19 팬데믹이 앞당긴 비대면 경제는 기하급수적 데이터 생성을 촉발했다. 지금도 개인이 직접 만들어 내는 데이터 외에 사용자와 연관된 환경, 즉 ICT와 관련된 모든 현장에서 개인과 연관된 데이터가 시시각각 쏟아지고 있다.

그림 5 　일상에서 생성되는 개인데이터

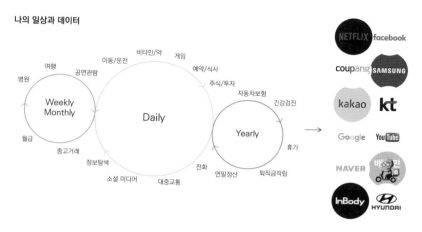

나의 일상과 데이터

△ 출처: 뱅크샐러드(2021), 마이데이터맵과 비즈니스 확장성

　그렇다면 이러한 개인데이터의 가치를 금전적으로 환산하면 얼마일까? 과거 2010년대 초반만 해도 나이, 성별, 위치 등과 같은 개인의 일반정보는 약 0.0005달러에 불과했다. 이마저도 자동차나 금융상품, 휴가 상품 구매자들의 정보는 광고 마케팅 회사에 조금 더 가치가 있을 뿐이었다.[8]

　그런데 2020년대에 들어 개인데이터의 가치가 매우 커졌다. 페이스북, 구글, 트위터, 링크드인, 트위치와 같은 거대 플랫폼 내에 축적된 개인데이터는 높은 비용을 지불할 용의가 있는 광고주들에게 상당한 수익원이 되었기 때문이다. 가령, 링크드인(Linkedin)은 2020년에 자사 플랫폼에 접속하는 7억 명 이상의 사용자 정보를 광고주에 제공함으로써 30억 달러(환율 1,330원 기준, 한화 약 3조 9,900억 원)의 수익을 올렸고, 같은 기간 유튜브는 광고 수익으로 69억 달러(한화 9조 1,770억 원)를 벌어들였다. Invisibly.com의 기사에 의하면, 2021년 5월 현재 페이스북 계정은 65달러, 개인의 온전한 건강기록 정보는 약 250달러에 거래되고 있다고 한다.[9]

8 　Financial times(June 13. 2013), How much is your personal data worth?

9 　Invisbly(Jul 13. 2021), How Much is Your Data Worth? The Complete Breakdown for 2021, https://www.invisibly.com/learn-blog/how-much-is-data-worth/

이처럼 개인의 데이터가 자원이 되고 자본이 되는 데이터 가치의 시대에, 개인데이터로 만들어진 빅데이터가 우리에게 어떤 가치를 제공할 수 있는지 살펴 볼 필요가 있다.

개인데이터와 빅데이터

시대의 변화에 적응하는 것을 넘어 변화를 이끌어가는 대표적 기업인 유튜브나 넷플릭스와 같은 세계 다국적 대기업들은 다양한 디지털 플랫폼 서비스를 제공하면서 소비자 기반의 서비스 영역에서 새로운 비즈니스를 수행하고 있다.

이러한 상황은 소비자의 개인정보는 물론 소비 행동, 구매패턴, 성향, 요구사항 등의 전방위에서 방대한 양의 정형 데이터와 비정형 데이터를 생성하는 결과를 낳고 있으며, 이 데이터들은 다시 새로운 사업 기회 탐색의 기반이 되는 선순환 구조를 가진다.

제4차 산업혁명과 디지털 변혁(Digital transformation)이 속도를 더하면서 조직 내, 조직 간 데이터 생성량이 더 급증하고, 기업들은 빅데이터 분석과 이를 활용한 인공지능 서비스 개발에 더 매진하는 경향을 보이고 있다.

IDC는 세계 빅데이터 시장은 2021년 2,226억 달러(한화로 약 289조 3,800억 원(기준 환율 1,300원))에서 2025년 4,429억 달러(한화 약 575조 7,700억 원)로 성장할 것으로 보고 연평균 18% 이상의 성장세를 예상했다. 또한 국내 시장은 2021년 약 2조 296억 원의 시장 규모를 이루고, 향후 5년간 연평균 성장률(CAGR) 6.9%에 달하며, 2025년에는 약 2조 8,353억 원에 이를 것으로 전망했다.[10] 전 세계 시장은 물론 국내 시장도 꾸준한 성장세가 전망되는 만큼 향후 빅데이터를 활용한 전·후방 산업의 부가가치도 크게 향상될 것이다.

빅데이터 시장의 성장은 빅데이터 분석 시장의 성장과 직접적으로 연

---

10   IDC(2022), Korea Big Data and Analytics 2021-2025 Forecast.

결되어 서비스 자동화 · 플랫폼화 · 인공지능화를 빠르게 견인하는 동력이 될 것이다. 정형화된 데이터뿐만 아니라 영상, 음성 등 이전에는 정형화하지 못했던 데이터가 디지털화되면서 폭발적으로 증가하기 시작한 빅데이터는 디지털 기기들의 다양화와 데이터의 쉬운 저장과 공유를 가능하게 하는 인터넷, 모바일, 사물인터넷, 그리고 정보통신기술(ICT)의 발달과 함께 더욱 확산했다.

보통 빅데이터는 데이터의 수집 · 관리 · 처리의 수용 한계를 뛰어넘는 크기의 데이터를 의미했지만, 이제는 이종 데이터 간 결합으로 새롭게 생성한 가치 있는 데이터까지 의미가 더 확장되었다. 1990년대 이후 인터넷이 전 세계로 확대되면서 정형화된 데이터와 비정형화된 엄청난 양의 데이터들이 생성되었고, 2010년대 소셜 네트워크 서비스(SNS)와 여러 플랫폼이 등장하면서 데이터 경제, 디지털 경제라는 개념이 우리의 일상을 파고들었다.

데이터 경제와 데이터 생태계

정보통신기술(ICT)이 발전하면서, 폭발적으로 증가한 데이터는 그 규모뿐만 아니라 종류도 다양해졌고, 데이터 생성 주기도 급속도로 빨라졌다. 이와 함께 경제 · 산업 · 사회 전반에서 데이터를 활용하고자 하는 시대적 흐름에 따라, 데이터 경제에 대한 논의도 활발해졌다. OECD는 무형의 자산인 데이터를 지식기반 자본(Knowledge based Capitals)으로 규정하고 데이터가 기업과 국가의 성패를 좌우하는 데이터 경제가 도래하리라 전망했다.[11]

데이터 경제란 데이터에 접근하고 활용할 수 있도록 협업하는 과정에서 다양한 주체들이 서로 다른 역할을 하며 이루는 생태계를 말한다. 데이터 경제에서는 데이터가 새로운 제품이나 서비스를 개발할 자원과 역

---

11   KDI(2014), 허성욱, 어느새 생활 속 깊숙이 파고든 빅데이터, 세계는 지금.

마이데이터 비즈니스
서프슈머의 탄생

량으로서 활용되고 이는 부가가치 창출로 이어진다.

공공데이터의 개방에서부터 민간 부문 데이터 활용의 측면까지 전 분야에서의 데이터가 가진 잠재적 가치는 가늠하기 어려운 정도다. 생산요소로서의 데이터는 토지나 노동, 자본 등과는 달리 줄어들거나 소실되지 않는 특성이 있으면서, 다른 데이터와의 융합이나 복합, 결합으로 가치가 급상승하는 특징도 있다.

데이터가 화폐 또는 실물 부동산처럼 자산으로 인식되면서 유럽, 미국 등의 주요 국가들은 데이터 경제 활성화를 촉진하고자 앞다투어 진흥정책 등을 내놓고 있다. 데이터 공유와 활용을 통한 부가가치 창출은 기본이고, 데이터 기반의 공공서비스로 국민의 삶의 질 향상에 적극 나서고 있다. 데이터는 그 자체로도 가치가 있지만, 이를 수집·저장·분석·가공함으로써 디지털 지식으로 변환되면 더 큰 부가가치를 만들어 낸다. OECD는 데이터가 화폐화되는 과정을 데이터 가치사슬(Data value chain)로 설명했다.[12]

그림 6 데이터 가치사슬

데이터 가치 사슬(Data Value Chain)

데이터 가치 사슬 → 데이터 화폐화

데이터를 디지털 지식으로 변환

분석

저장

수집

From Data to Value creation

온라인 타겟 광고 판매
(구글, 페이스북)

전자상거래 플랫폼 운영
(아마존, 알리바바, 우버)

전통적 상품을 대여 서비스로 전환
(모바이크, 롤스로이스)

클라우드 서비스 대여
(아마존, 텐센트, 마이존디어)

출처: OECD(2020)

---

12 OECD(2020), 정용찬(2020) 그림 재인용.

데이터 산업의 촉진을 위한 공공부문의 정책사례로, 미국은 민간기업인 데이터 브로커가 소비자의 개인정보를 자유롭게 수집하고 가공하며 판매할 수 있는 데이터 유통 시장을 활성화하는 정책을 추진 중이며, EU는 데이터 거버넌스법을 통해, 공공데이터를 상업적 목적으로 활용하는 것을 강화했다. 중국은 제조업 혁신을 위해 데이터 취합과 공유, 융합혁신, 관리 및 보안 강화 등을 규범화하고 2021년부터는 국가 차원의 빅데이터 거래소를 운영하고 있다. 우리나라는 「데이터3법」 개정을 통해 공공 주도의 데이터 유통을 활성화하도록 촉진하고 있다.

민간 부문의 데이터 활성화 사례를 들면, 제너럴일렉트릭(GE) 항공의 데이터 생태계 구축과 활용을 들 수 있다. GE 항공은 지능형 항공 운영 서비스의 고도화를 위해, 빅데이터 기반의 스마트 지능형 공장 구축, 스마트 유통, 스마트제품, 스마트 서비스를 융합함으로써, 스마트 항공기 생산에서부터 장비·부품 정비, 항공 운영의 다양한 프로세스를 개선하는 것에 이르기까지 데이터 생태계 측면에서 빅데이터를 활용하고 있다.

항공산업에서 급성장 중인 에어아시아(Air Asia)는 지난 2018년 GE 항공과 계약을 맺고, 자사의 항공기에 디지털 기술을 도입하기로 했다. 에어아시아는 GE 항공이 제공하는 비행 데이터 분석 프로그램인 플라이트펄스(FlightPulse)를 통해, 100억 건의 데이터 포인트를 수집하고 이를 분석하여 연료 소비와 비용 절감, 항공기 정시 운항에 활용하고 있다([그림 7] 참조). 이로써 항공기 기장의 비행 활동 전반에 도움을 줄 뿐만 아니라, 수년에 걸쳐 수집된 방대한 비행 빅데이터를 분석해 데이터 과학자들은 항공사 운영에서의 중요한 통찰력을 발견하고 더 나은 의사결정을 위한 다양한 관점을 얻을 수 있다.

그림 7   GE항공 플라이트펄스(FlightPulse) 앱 화면

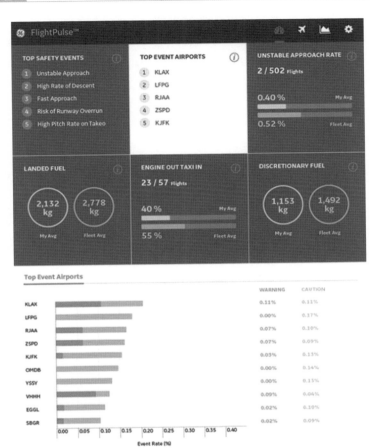

⚐ 출처: GE리포트 코리아(2018), "방대한 데이터 활용으로 디지털 항공사로 변신하는
에어아시아(Air Asia)"

데이터 경제의 활성화는 공공 주도의 성격을 분명히 나타내 주고 있
다. 그만큼 국가나 공공차원의 산업 선도가 가져올 막대한 부가가치를
놓칠 수 없기 때문일 것이다. 하지만 소비자의 개인정보를 자유롭게 수

집하고 가공해 유통할 수 있도록 하는 미국의 경우와는 달리, 유럽은 철저하게 개인정보보호와 정보 주체의 자기 정보결정권에 대한 법적 보장을 더 중시하는 경향을 보인다. 이를 데이터 주권의 측면에서 살펴보면서 개인정보로 이루어진 빅데이터의 가치에 대해 논의해 보도록 하자.

데이터 주권

데이터 주권은 EU 집행위원회 데이터 전략(2020)에서 언급된 '기술 주권'으로부터 주목받기 시작했다. 데이터 전략에서 말하는 기술 주권의 의미는 데이터 현지화 및 지역 보호주의로부터의 경제적·지정학적 야심 그리고 프라이버시와 디지털 자기 결정이라는 기본 디지털 인권 방어에 이르기까지 폭넓게 해석되었다. 여기서 주목할 만한 점은 전통적 의미의 주권 개념을 확장하여 기술, 정보, 디지털, 데이터 주권 등의 새로운 개념도 정립하기 시작했다는 것이다.

데이터 주권은 특정 디지털 영역(Domain)과 관련한 개인의 최고 권위이자 권리로 정의할 수 있다. 즉, 개인에 의해, 개인에 대해 생성된 데이터는 지리적 영역이 아닌 개인을 데이터 주권의 통합 지점이자 범위로 보아 더욱 유연하고 합법적인 것으로 생각할 수 있다.

또한 개인의 데이터 주권은 외부 영향으로부터 자유로운 기본 특권이자 배타적 권리로서, 공유되고 다른 사람의 데이터와 결합할 때 그 가치와 유용성이 더욱 커지는 속성을 가지고 있다. [표 2]는 마이데이터의 원칙과 데이터 주권에 관한 연관성을 정리한 것이다.

표 2   마이데이터 원칙과 데이터 주권과의 연관성

구분	주요 내용	데이터 주권과의 연관성
인간 중심적 통제	개인은 온 · 오프라인 모두에서 개인 생활을 관리할 수 있는 권한과 수단을 부여받아야 함. 누가 자신의 데이터에 접근하며 데이터가 어떻게 사용되는지 이해하고 통제할 수 있는 실적인 도구와 방법 제공이 필요함	데이터 주권은 개인 및 그룹의 자기 결정권, 자율성 및 자신에 대한 개인데이터 통제권을 뜻함
구심점 으로서의 개인	개인데이터가 다양해지면서 발생되는 가치가 큰 폭으로 상승하지만 사생활 침해에 대한 위협 또한 비례하여 증대함. 이러한 상황은 개인이 개인데이터의 상호 참조가 일어나는 허브가 된다면 해결 가능	데이터 주권은 개인을 그들이 속한 국가 및 지역 대신 주권이 유지되고 행사되는 영역을 정의하는 요소로 여기는 것을 의미함
개인의 주도권 강화	데이터 기반 사회에서는 여느 사회와 같이 개인을 단순히 서비스나 응용프로그램의 고객 혹은 사용자로 여기면 안 됨. 개인들은 자기 자신의 목표를 설정하고 추구할 수 있는 자유롭고 자율적인 행위자로 인식할 필요가 있으며, 행동권과 주도권을 가져야 함	데이터 주권은 개인과 집단이 반드시 가져야 하는 것뿐만 아니라, 그들이 데이터 생태계 주체이자 적극적인 참여자로서 행사할 수 있어야 함
데이터 이동권	개인데이터의 이동권은 개인이 그들 자신의 목적이나 다른 서비스에 있어 자신의 개인데이터를 재활용할 수 있게 하며, 폐쇄된 사일로(Silo)에서의 데이터를 재사하용이 가능한 자원의 데이터로의 변화를 이끄는 열쇠임. 이러한 데이터 이동권은 단순한 법적 권리가 아닌 실질적인 수단과 결합해야 함	데이터 주권 행사의 중요한 측면은 자신에 대한 데이터에 접근하고, 연결하며, 재사용할 수 있는 권리이자 수단임

구분	주요 내용	데이터 주권과의 연관성
투명성과 책임	개인데이터를 사용하는 조직은 그 데이터로 무엇을 하고 왜 하는지 공지해야 하며, 이를 준수해야 함. 그들은 개인데이터를 보유하고 사용함으로써 발생한 의도된 결과뿐 아니라, 보안사고 등 의도하지 않은 결과에도 책임을 져야 하며, 개인은 이에 책임을 물을 수 있음	데이터 주권은 개인데이터 사용 합법성이 항상 해당 데이터가 존재하는 개인 또는 집단에서 유리한다는 것을 의미함. 데이터 사용 자격에 대한 투명성과 사용에 따른 책임을 물을 수 있는 능력은 데이터 주권 존중을 보장하는 데 필요함
상호 운용성	상호운용의 목적은 특정한 기관이나 기업에 종속되는 데이터 락인효과(Lock-in) 가능성을 제거함과 동시에 데이터 보유기관에서 활용 기관으로 데이터가 이동할 때 생기는 마찰을 줄이는 것임. 상호운용성은 업무 관행 일반화 및 기술 표준화를 통해 달성될 수 있으므로 이에 대한 지속적인 노력이 필요	데이터 주권을 행사하는 데에 외부의 간섭을 받지 않는 것을 의미함. 상호운용성은 기술 또는 다른 장벽 없이 사용할 도구와 협력 주체를 선택할 수 있는 자유를 지원하는 원칙

◁ 출처: 한국데이터산업진흥원, 2021 데이터산업백서

데이터 민주화와 데이터 융복합 시대

데이터 활용의 관점에서 보면, 과거 정보 독재·독점 시대와 정보 통제 시대를 거쳐, 인터넷이 보편화되면서 정보 개방 시대에 이르게 되었다. 이를 우리는 데이터 민주화라 말한다. 정부의 행정정보공개에 따른 '데이터 개방'과 개인정보보호라는 '데이터 보호'의 중요한 두 축의 균형을 맞춰가며 데이터 민주주의가 시작되었고, 현재는 데이터 융복합 시대를 열어가고 있다.

개방된 공공데이터와 민간데이터, 조직데이터와 개인데이터가 융·복합함으로써 훨씬 더 가치 있는 데이터 생태계가 만들어지고 고도화해야

마이데이터 비즈니스
서프슈머의 탄생

하는데, 이를 위해서는 산업별 마이데이터가 매우 중요한 연결 자원으로 활용되어야 한다. 개인별로 생성되는 제조, 금융, 유통, 의료, 교육 등 생활 전반의 마이데이터를 융복합하게 되면, 이전에는 존재하지 않았던 새로운 산업이 탄생할 수 있고, 더 많은 부가가치를 창출할 수 있는 데이터 생태계가 만들어질 수 있기 때문이다.

데이터의 법적 속성

우리나라 법제는 경제적 가치를 가지는 재산권의 보호 방안으로써 유체물에 대해서는 민법상 권리를 적용하고, 무체물에 대해서는 각종 지식재산권법상의 권리를 규정하고 있다. 민법은 유체물과 전기, 기타 관리할 수 있는 자연력을 물건으로 정의하고, 물건을 소유권, 점유권, 용익물권, 담보물권 등의 권리의 객체로 인정하고 있다. 유체물이란 공간 일부를 차지하고 오감에 의하여 지각될 수 있는 유형적 존재로서 고체, 기체, 액체를 의미하며, 관리할 수 있는 자연력이란 유형적 존재가 없는 무체물 중 인공적으로 지배할 수 있는 것을 의미한다.

지식재산권 관련 법령은 「저작권법」, 「특허법」, 「실용신안법」, 「상표법」, 「디자인보호법」 등 외형적인 형태가 없는 무체물을 인간의 지적, 정신적 산물로서 일정한 요건을 갖춘 권리의 객체로 보고 보호하고 있다.

데이터의 경우 비정형의 무체물이기 때문에 일반적으로 민법상 재산권 보호의 대상이 될 수 없으나, 개별 지식재산권으로서의 요건을 갖춤으로써 지식재산권 관련 법령에 따라 보호될 수 있다. 예를 들어, 「저작권법」에서는 데이터베이스(DB)제작자의 권리를 보호하고 있으며, 「부정경쟁 방지 및 영업비밀보호에 관한 법률」에서는 영업비밀 침해행위, 일정한 요건을 갖춘 데이터의 부정 사용행위를 금지하는 방식으로 데이터에 관한 보호 장치를 마련하고 있다.

CHAPTER 2 빅데이터

빅데이터가 무엇이길래?

앞서 빅데이터는 데이터의 수집과 관리, 그리고 처리의 수용 한계를 뛰어넘는 크기의 데이터라는 의미에서, 점차 이종 데이터 간 결합으로 새롭게 생성한 가치 있는 데이터까지 포함하여 의미가 더 확장되었다고 하였다.

다시 말해, 1990년 이후 인터넷이 전 세계로 확장되면서 정형화된 데이터와 비정형화된 엄청난 양의 데이터들이 발생하였고, 소셜 네트워크 및 각종 서비스 플랫폼이 등장하면서 정보의 홍수, 정보화 시대라는 개념에서 시작된 흐름이 지금의 빅데이터로 이어졌다. 빅데이터라는 개념이 하루아침에 생긴 것은 아니다. 빅데이터 이전에도 큰 규모의 데이터를 라지(Large) 데이터로 규정하고, 기업마다 고객 정보 등 의미와 가치가 있는 데이터를 데이터베이스에 저장하고 이를 분석하고 활용하는 기술들을 발전시켜 왔다.

앞서 언급한 정형 데이터 위주의 데이터 마이닝을 통해 정보를 관리하던 방식에서, 이제는 비정형 데이터의 가치와 융복합한 결합데이터의 가치가 새롭게 인식되면서 빅데이터에 대한 기업의 활용도도 높아졌다. 이렇듯 기업마다 빅데이터를 축적하고 활용하는 것이 늘어나면서, 빅데이터 자체의 특성도 점차 분명하고 구체적으로 나타나기 시작했다.

빅데이터 특성: 8Vs

빅데이터는 규모(Volume), 다양성(Variety), 속도(Velocity), 정확성(Veracity), 가변성(Variability), 타당성(Validity), 시각화(Visualization)에 가치(Valuable)를 더한 8V의 특징을 갖고 있다. 초기에는 빅데이터의 특징을 설명할 때, 가트너

(Gartner)가 규정한 규모(Volume), 다양성(Variety), 속도(Velocity)의 세 개 차원의 3V 모델이 가장 널리 인용되다가 IBM이 추가한 진실성 혹은 정확성(Veracity)과 브라이언 홉킨스 등이 언급한 가변성(Variability)이 추가되어 7V로 정의되었다.

하지만 빅데이터는 단순히 데이터의 양이나 규모만을 의미하지 않고 새롭게 생성되는 데이터의 특징들이 함께 포함된 개념으로 발전되고 있어, 이 책에서는 결합으로 새롭게 생성되는 가치(Valuable)를 추가하여 8V로 빅데이터 특징을 설명하고자 한다.

보통 빅데이터는 매우 큰 양(Volume)의 데이터를 의미하지만, 라지(Large) 데이터와 빅(Big) 데이터의 양적 경계는 모호하다. 데이터의 양이 급증하는 추세에 따라, 빅데이터의 양을 규정하기가 쉽지 않은 탓이다. 과거에는 필요하다고 느끼는 양의 부족을 고민했다면, 이제는 실시간으로 축적되는 어마어마한 양의 데이터 저장과 분석 방법, 그리고 그 해석의 기술에 대한 고민이 더 크다.

그리고 데이터의 규모뿐 아니라, 데이터의 다양성(Variety)에 대한 문제도 있다. 과거 저장 공간의 한계에 따라, 삭제되거나 버려졌던 데이터까지 그 가치가 재인식되면서 모두 수집·저장되고 있다. 즉, 숫자나 기호, 텍스트 등의 정형화(Structured) 또는 반 정형화된(Semi-structured) 데이터는 물론, 이미지, 오디오, 비디오 등의 비정형(Unstructured) 데이터까지 빅데이터의 범주에 해당한다. 이제는 사용자의 개인 단말기로부터 수집되는 데이터 대다수가 비정형 데이터이며, 이에 대한 분석 기법과 해석, 활용 방안에 대한 시장이 더 활발히 성장하고 있다.

데이터 저장 및 처리기술의 발달은 빅데이터의 속도(Velocity)에 관한 특징을 더 분명하게 하고 있다. 단순히 저장이 중요한 게 아니라 실시간으로 축적되는 데이터를 얼마나 빠르게 분석하여 사업이나 서비스에 반영할 것인가가 더 중요해졌다. 사물인터넷 등으로 생성되는 데이터는 시간이 지날수록 가치가 퇴색되거나 이내 무가치한 데이터가 될 수 있어서,

대용량 데이터의 분석 기술이나 시각화 기술을 통해 업무나 사업에 즉각 활용하는 것이 관건이 되었다.

다음으로 빅데이터의 특징 중 진실성(Veracity) 혹은 정확성을 살펴보자. 기존 3V에서 새로이 진실성(Veracity)을 덧붙인 점은 빅데이터 산업의 지향성을 보여주는 것이다. 아무리 다양하고 많은 데이터와 빠른 처리 속도를 갖고 있다 하더라도, 데이터가 진실성이나 신뢰성을 갖추지 못한다면 부정적이고 올바르지 못한 방향으로 활용되는 등 역작용도 발생할 수 있다. 또한 데이터의 양적 증대와 더불어 데이터의 품질에 관한 중요성도 강조되고 있다. 많은 데이터가 무조건 좋은 데이터라는 등식이 성립될 수 없듯이, 올바른 원천으로부터 획득한 데이터에 대한 분석과 이해를 기반으로 어떤 가치를 창출할 것인가 하는 점이 더 중요하다.

가변성(Variability)은 빅데이터만의 특징이라 할 순 없지만, 빅데이터 활용에 있어 주의 깊게 고려해야 할 특징이다. 같은 데이터라도 서로 다른 맥락에서는 다른 데이터로 취급될 수 있고, 같은 맥락이라면 다른 데이터도 유사하게 인식될 수 있기 때문이다. 결국 데이터의 변화무쌍함에서 긍정, 부정 등의 의미를 해석하기 위해서는 맥락이나 상황을 충분히 고려해야 한다. 분석 결과에 대한 맥락이나 상황 고려 없이 섣부른 결론을 내리는 것은 지양해야 한다.

빅데이터의 타당성(Validity)을 논의하기는 쉽지 않다. 정형 및 비정형 데이터 자체로는 타당성을 판단하기 어렵기 때문이다. 하지만 데이터 수집 단계에서부터 온전하고 적절한 효용성과 유용성을 갖춰 세분화된 데이터라면 타당한 데이터라 할 수 있다.

빅데이터의 분석 기술이 고도화되고 해석이 중요해지면서 데이터의 분석 결과를 시각화(Visualization)하여 빅데이터 활용자에게 제시하는 것은 매우 중요한 영역이 되었다. 데이터 과학자가 아닌 일반적인 데이터 활용 실무자로서 해석하기 쉬운 형태로 빅데이터가 제공될 때 의사결정에 큰 도움이 될 것이다.

빅데이터가 특정한 가치(Valuable)를 가지려면 흩어져 있는 것보다 한 곳에 모여 있는 것이 가장 바람직하다. 하지만 데이터의 형태와 규모, 저장 방식, 저장 공간 등의 한계로 인해, 흩어진 데이터를 한데 모으는 것은 항상 비용과 노력이 뒤따른다. 따라서 흩어져 있는 다양한 데이터를 온전히 한곳에 모아 결합하고, 이를 통합 분석함으로써 새로운 가치를 발견할 수 있는 데이터여야만 가치와 의미가 있는 데이터라 할 수 있다. 이처럼 온전한 빅데이터에서 새로운 가치를 창출할 수 있다.

그림 8 빅데이터의 특성(8Vs)

◁ 출처: WaysMaze(https://waysmaze.com/services/business-analytics/ds-bd)

이상의 특징을 가진 빅데이터에 대한 이해를 바탕으로 빅데이터 분석 기술과 이에 관한 활용 사례, 영향 및 한계에 대해 살펴보도록 하자.

빅데이터 분석 과정과 산업별 활용

빅데이터 분석은 빅데이터로부터 드러나지 않은 패턴 또는 정보 간의 관계를 발견해내는 과정이다. 데이터를 수집하고 저장, 관리하는 기술을 필수적으로 포함하여, 데이터 수집 · 저장 · 처리 · 분석 · 표현 등의 기술 요소를 순차적으로 사용한다. 아래 [표 3]은 데이터 분석 과정과 주요 세부 기술을 나타낸다.

표 3 데이터 분석 과정 및 주요 세부 기술

구분	주요 내용
데이터 수집	• 조직 내외부에 다양하게 흩어져 있는 데이터에서 필요한 데이터를 검색하여 수집하는 기술 • 주요 세부 기술 – 인터넷 데이터 수집(Crawling engine) – 응용 서비스 로그 수집 – 센싱 데이터 수집 – RSS, Open API 연동 수집
데이터 저장	• 수집된 데이터를 저장하고 저장된 데이터를 더 빠르고 쉽게 분석하도록 하여, 이를 비즈니스의 의사결정에 바로 이용하는 기술 • 주요 세부 기술 – 병렬 데이터베이스 관리 시스템 – 하둡(Hadoop), NoSQL
데이터 처리	• 대규모 데이터의 수집 · 관리 · 유통 · 분석을 처리하는 일련의 기술 • 주요 세부 기술 – 실시간 데이터 처리, 분산 병렬 데이터 처리 – 인-메모리(In-memory), 인-데이터베이스(In-DB) 처리
데이터 분석	• 데이터를 효율적으로 정확히 분석하여 비즈니스 등에 적용하기 위한 기술 • 주요 세부 기술 – 통계 분석

마이데이터 비즈니스
서프슈머의 탄생

	– 데이터 마이닝 – 자연어 처리 – 예측 분석 – 기계 학습(Machine learning)
데이터 표현	• 자료를 시각적으로 묘사하는 기술 • 주요 세부 기술 – 데이터 편집 – 정보 시각화(Inforgraphic) – 데이터 반응형 시각화

◁ 출처: 한국신용정보원, 한국IR협의회 재인용

산업별 빅데이터의 활용 사례 등을 간략히 살펴보면 다음과 같다. 우선 금융 산업에서는 거래 데이터, 실시간 시장정보, 고객 서비스 이력, 소셜미디어 데이터 등을 활용하여 상품 제안, 부정 지급 발견 및 조사, 신용 리스크 관리 등에 활용하고 있다. 의료 산업에서는 환자나 사용자에 대한 다양한 건강 · 진료 정보를 활용하여 지속가능성을 가진 건강관리(Healthcare) 시스템 구축이나 환자의 진료와 치료의 효율성 향상, 의료/치료 비용 절감 등에 활용하고 있다. 정보통신산업에서는 이미 방대한 양의 빅데이터를 축적하고 이를 바탕으로 새로운 사업 기회 탐색, 운영 효율성 제고, 고객 서비스 경험 강화 등에 활용하고 있으며, 공공부문에서는 범죄예방, 교통, 방위, 국가보안, 세입 관리, 환경관리, 복지 등에 활용함은 물론, 비식별화된 빅데이터 데이터 세트를 일반인에게 공개하여 새로운 서비스를 창출할 동력이 되도록 정기적으로 제공하고 있다.

빅데이터 분석의 특징

빅데이터 분석은 사회, 의료 및 보건, 금융, 교통, 재난, 국방 등 다양한 분야에서 생성되는 데이터를 기반으로 하고 있으며, 아래 [표 4]에서처럼 데이터의 규모 다양성 생성 속도 관점에서 과거의 데이터 분석에 비해 고도화된 특성이 있다.

표 4 빅데이터 산업의 특징

구분	주요 내용
규모의 경제	• 일반적인 상품의 경우 규모에 대한 수확체감의 특성을 보이지만, 소프트웨어의 경우 생산이 증가할수록 소프트웨어 원본의 평균 개발비용이 감소함으로써 규모의 경제 특성을 가지는 바 사용자의 수가 생산비용 측면에서 매우 중요한 역할을 함.
후방산업에 대한 파급효과	• SW는 그 적용 범위가 광범위해져 산업 전반에 걸쳐 적지 않은 영향을 미치고 있으며, 전통적인 기계설비나 가전제품, 자동차 등에서도 이제는 SW가 없이 그 기술적인 특성을 발휘할 수가 없을 정도로 전 산업영역에서 핵심적인 역할을 수행하고 있음.
기술 노동 집약적 산업	• 빅데이터는 하드웨어, 소프트웨어, 서비스가 모두 절묘하게 융합되어야만 성과를 낼 수 있을 정도로 고난도의 역량을 필요로 하는 고도의 지식 집약적이며 고급 노동집약적인 산업임.
경기 동행 산업	• 일반적 패키지 SW산업은 경기에 후행하는 특성을 보여 왔으나, 최근에는 동행하는 추세를 보임. SW에 대한 투자가 비용이라는 인식에서 경쟁력 강화의 수단으로 전환이 되는 추세임.
짧은 라이프 사이클	• 급속한 기술 발전으로 제품의 라이프 사이클(Life Cycle)이 매우 짧으며, 새로운 시장이 지속적으로 창출되며 업그레이드를 통한 지속적인 유지 보수가 필요한 산업임.
낮은 진입 장벽	• 비교적 대규모의 설비투자가 필요하지 않고 소자본으로 시장 진입이 가능하여 산업 내 신규 진출 기업이 지속적으로 증가하고 있어 산업 내 경쟁이 치열해지고 있음.

✐ 출처: 한국신용정보원, 한국IR협의회 재인용

마이데이터 비즈니스
서프슈머의 탄생

빅데이터의 영향
제4차 산업혁명과 온디맨드 서비스

제4차 산업혁명의 핵심은 빅데이터와 온디맨드(On-demand) 서비스이다. 모든 산업이 빅데이터를 통해서 디지털 전환이 이루어지고 있고, 디지털 전환을 통해 원가를 통제할 수 있는 기술을 보유함으로써, 가치 원가 딜레마를 극복하고 온디맨드 서비스를 제공할 수 있다. 디지털 전환이란 기업이 보유한 소재, 자원, 프로세스 등을 표준화하고, 각각의 요소들을 모듈화, 디지털화하여 온라인에서 오프라인을 통제하는 방식을 말한다. 이전에는 디지털화할 수 없던 것까지 데이터로 만드는 게 진정한 의미의 디지털 전환이라고 할 수 있다.

온디맨드 서비스는 고객이 원하는 시점(Now)에, 원하는 장소(Here)에서, 원하는 형태로(Only for me) 제품 혹은 서비스를 제공하는 것이다.[13] 그 제공물을 스마트제품 또는 서비스라 한다. 제4차 산업혁명의 특징인 초연결성, 초지능성을 바탕으로 한 다양한 기술들을 활용하여, 사용자의 삶과, 산업, 나아가 경제에까지 변화를 가져오는 것이 온디맨드 서비스의 진정한 의미이다. 이러한 서비스를 제공하는 시스템을 온디맨드 서비스 시스템이라 한다.

온디맨드 서비스는 갑자기 출현한 서비스는 아니다. 예로 90년대 중반 인터넷이 널리 보급되면서, 리얼 플레이어(Real player)와 MS 미디어플레이어(Media Player)를 중심으로 실시간 스트리밍 재생을 통해 사용자가 요청만 하면 마음대로 동영상을 시청할 수 있는 VOD 서비스를 들 수 있다. 주문형 비디오 서비스(VOD; Video on Demand)는 2004년 10월 한국에 웹에서 영상 콘텐츠를 제공하는 서비스로 처음 소개되었고, 이후, IPTV, OTT(On the Table) 서비스 형태로 발전했다.

---

13 김용진, 오직 한사람에게로 온디맨드 비즈니스 혁명, 쌤앤파커스, 2020.

온디맨드 서비스는 다양한 형태로 나타나고 있으며, 디지털 변혁과 더불어 새로운 비즈니스 기회를 창출해 나가고 있다. 공간 이동의 제약을 뛰어넘어 제공되는 Mobility on Demand, 사용자의 자기표현과 의견 공유가 자유로운 Expression on Demand, 사용자가 필요로 하는 지식 및 교육을 사전에 감지하고 제공하는 Knowledge on Demand, 사용자에게 필요한 의료서비스를 사전에 감지하고 제공하는 Medicine/Medical on Demand, 사용자가 필요로 하는 제품을 원하는 시간과 형태로 만들어 제공하는 Product on Demand, 사용자가 위험이 처하거나 사전에 위험을 감지하고 안전하게 만들어 주는 Safety on Demand, 사용자에게 필요한 에너지를 필요한 형태로 필요한 시점에 제공하는 Energy on Demand, 사용자에게 필요한 음식을 필요한 형태로 필요한 시점에 제공하는 Food on Demand, 사용자가 필요로 하는 금융 서비스를 필요한 시점에 필요한 장소에서 제공하는 Finance on Demand, 사용자가 필요로 하는 인프라를 필요한 시점에 필요한 장소에서 제공하는 Infra on Demand 등 다양한 서비스를 사용자의 요구에 따라 제공할 수 있다.[14]

데이터 비즈니스에서 온디맨드 서비스는 사용자 또는 수요자가 필요로 하는 데이터를 실시간으로 제공 혹은 사용할 수 있도록 Data on Demand 형태로 구축할 수 있다. 일례로 IDinsight 데이터 온디맨드(DOD) 팀은 2020년 4월 인도의 8개 주를 통틀어 가난한 27개 지역의 6,000여 명의 응답자를 통해, 코로나19 바이러스(COVID 19)에 관한 정보, 지식, 보건 관행, 이주 및 소비패턴, 행동 변화, 경제적 영향 등에 관한 데이터를 수집하여 데이터를 제공하고 있다. [그림 9]는 디지털 기기와 도구를 가지고 인도 빈민 지역에서 조사 및 데이터 수집 업무를 수행하는 조사원의 사진이다.

---

14 김용진(2020), 디지털 변혁과 새로운 비즈니스 기회 창출 전략.

마이데이터 비즈니스
서프슈머의 탄생

그림 9   인도 빈민 지역 데이터 조사원, 나마다 벤(Narmada Ben)

⚐ 출처: IDinsight(https://idinsight.org/)

디지털 변혁(Digital Transformation)

디지털 변혁(Digital Transformation)은 모든 산업에 적용할 수 있는 광범위한 비즈니스 전략으로, 우리가 보유한 자원과 프로세스 소재를 모듈화 · 표준화 · 디지털화하여 온디맨드 서비스를 제공한다. 또한, 제품 · 프로세스 · 인력 및 장소와 같은 기업의 물리적 부분에서 비롯되며, 전략적 기술 도입을 통해 경쟁우위를 확보할 수 있다.

전통적인 산업에서는 고객의 문제를 해결하기 위해서 비용이 따르기에 대량생산을 통해 평균원가를 하락시키는 전략으로 차별화하였다. 4차 산업혁명 시대에서는 디지털 변혁을 통해 가치는 극대화하면서 투입 원가를 낮출 수 있는데, 이는 빅데이터와 4차 산업혁명과 관련한 기술 때문이다. 결국 오늘날에는 대량생산이 아닌 초개인화로 경쟁력을 확보할 수 있게 되었다.[15]

포브스에 따르면 디지털 변혁은 크게 세 단계와 시기를 거쳐 이루어졌다. 첫째는 2000년대 이전까지 정보의 디지털화(Digitization)이고, 둘째는

---

15   김용진, Servicovation; 서비스 중심의 비즈니스 모델 혁신 전략, 율곡출판사, 2015.

2010년대까지 프로세스의 디지털화이며, 셋째는 2010년대 이후 비즈니스모델의 디지털 변혁의 단계이다.[16]

2000년대까지 PC 중심의 데이터 생성은 정보의 디지털화를 촉진했고 이로써 정보화가 가속화되었다. 정보의 유형은 아날로그에서 디지털 정보로 전환되었으며, PC와 소프트웨어, 서버와 PC 통신 네트워크를 통해 데이터가 생성되었다. 2010년대 전까지는 인터넷과 웹 중심의 프로세스 혁신을 IT 기술이 견인했으며, 업무처리 방식이 디지털화되었다. 기업은 엔터프라이즈 ERP나 소프트웨어를 통해, 비용 효율화와 공장 자동화 등을 이루었다. 2011년대 이후 모바일과 클라우드 중심의 비즈니스 혁신이 이루어지면서 제품의 서비스화, 제품과 서비스의 결합, 새로운 서비스 등이 디지털 변혁 기반으로 출현하였다. 이제 비대면으로 쇼핑을 하고, 온라인으로 교육을 받으며, 공유나 중개 플랫폼을 통해 숙박 예약, 음식 배달, 주문이 가능한 본격적인 O2O 서비스 경제가 실현되었다.

대기업을 중심으로 디지털 변혁에 관한 관심이 높아지면서, 디지털 변혁의 단계별 '디지털 성숙도'를 높이기 위한 노력과 투자도 지속되었다. 디지털 성숙도는 [그림 10]과 같이 조직이 지속해서 발생하는 디지털 변화에 적응하기 위해 체계적으로 준비하는 방법이라 할 수 있다.[17] 디지털 성숙도 모델의 첫 단계는 디지털 변혁 계획에 대한 기본 구상 단계이고, 두 번째는 DT 도입 단계이며, 세 번째는 디지털 변화 노력이 사내 전반에 확산하는 단계이다. 네 번째 단계는 디지털 수준이 성숙하고 실제 비즈니스의 효과가 나타나는 단계이며, 마지막 다섯 번째 단계는 전사 자원이 디지털로 통합되고, 시장을 선도하는 디지털 마스터 수준에 이르게 된다.

---

16 Forbes(2018), Digitization, Digitalization, And Digital Transformation: Confuse Them At Your Peril.

17 MIT 슬론매니지먼트 리뷰(2017), Digital Maturity, Not Digital Transformation.

마이데이터 비즈니스
서프슈머의 탄생

그림 10   디지털 성숙도 모델

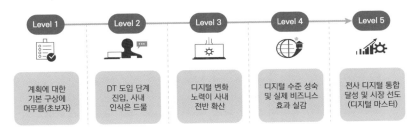

↗ 출처: 삼성SDS 인사이트 리포트(https://samsungsds.com/)

딥러닝(Deep learning)과 인공지능(Artificial Intelligence)

빅데이터는 자체적인 활용 가치를 넘어 인공지능과 결합하여 더 큰 부가가치를 창출하는 기반이 되고 있다. 데이터를 활용하는 주요 목적은 예측이나 발견이다. 사람들은 이 예측이 무엇을 할지에 관한 의사결정의 근거로 활용되기를 바라고, 심지어 인공지능 분야에서는 AI가 스스로 판단을 내리고 의사결정을 하는 주체로 작동하기를 원한다.

빅데이터를 기반으로 한 인공지능이 활용되는 산업 분야는 넓고 다양하다. 인간처럼 특정 이미지를 가려내는 이미지 분류(Image classification), 이미지나 영상 속에 포함된 물체를 구분해 내는 객체 탐지(Object detection), 이보다 더 정교하게 특정 클래스를 구분해 추출하는 세분화(Segmentation) 등이 있다.[18] [그림 11]은 이미지 데이터를 인공지능으로 학습시켜 얻을 수 있는 결과를 표시한 것이다.

이외에도 텍스트 데이터 기반의 딥러닝인 자연어 처리, 인공지능 바둑 기사 알파고처럼 강화학습과 딥러닝을 결합한 심층 강화학습 연구 등도 활발히 진행되고 있다. 딥페이크 영상이나 인공지능이 생성한 가짜 이미지, 창작물 등에 따른 폐해와 문제도 점차 늘고 있지만, 분명한 사실은 빅데이터를 기반으로 한 전·후방 산업의 영향력과 파급력은 상당하다는 것이다.

---

18   Wu, X., Sahoo, D., & Hoi, S.C.(2020), Recent Advances in Deep Learning for Object Detection, ArXiv, abs/1908.03673.

그림 11 이미지 딥러닝 기술

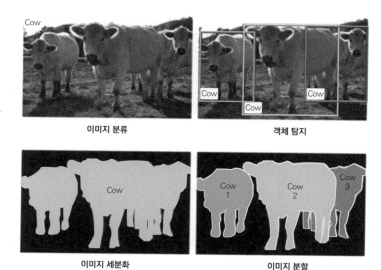

출처: Wu, X., Sahoo, D., & Hoi, S.C.(2020), Recent Advances in Deep Learning for Object Detection, ArXiv, abs/1908.03673.

빅데이터 활용의 한계

우리는 전례 없는 빠른 속도의 사회 변화를 경험하고 있다. 현대 사회는 갈수록 불확실성이 커지고 그에 따른 위험도 커지고 있다. 공공이나 민간 가리지 않고 빅데이터를 수집하고 있으며, 정보를 미래 성장동력을 위한 새로운 원유처럼 여기며 이에 주목하고 있다. 사회현상을 빅데이터를 통해 분석하는 시도가 점점 늘어나고 있고, 기업들은 빅데이터에서 새로운 사업의 기회를 찾으려 고군분투하고 있으며, 신생 창업기업(Startup)들도 빅데이터 기반의 새로운 모바일 서비스를 속속 시장에 출시하고 있다.

이처럼 많은 이들이 빅데이터가 미래를 여는 만능열쇠가 될 것이라 기대하고 있다. 하지만 여전히 데이터 활용을 통해 기대하는 미래의 모습과 현실 사이에는 많은 틈(Gap)이 존재하며, 이 틈을 메우는 과정에서 오히려 이전에는 발견할 수 없었던 새로운 기회를 찾아내는 것도 가능하다.

이러한 틈을 줄이기 위하여 온전하고 가치 있는 빅데이터를 수집하는 것이 매우 중요하다. 쓰레기를 넣으면 쓰레기만 나오기 때문이다(Garbage in Garbage out).

데이터 산업 활성화를 위한 주요 법률

「데이터3법」의 개정 배경과 주요 내용

우리나라의 경우, 엄격하고 경직된 개인정보보호 법제에 대한 개선 요구가 지속해서 이루어졌고, 데이터 경제로의 이행에 따라 정보 주체의 자기 정보 활용이 매우 중요하게 인식되기 시작했다. 개인의 권리보장과 함께 개인정보의 관리와 활용을 바탕으로 신산업 육성과 진흥을 도모하고자 2020년에 일명, 데이터 3법이 개정되었다. 데이터 3법은 「개인정보보호법」, 「정보통신망법」, 「신용정보법」의 세 법률을 묶어 통칭하는 이름이다.

「개인정보보호법」에서는 가명정보 도입, 동의 요건 완화, 개인정보 개념 정비, 법제 정비, 추진체계 일원화 등의 개정이 이루어졌으며, 「정보통신망 이용 촉진 및 정보보호 등에 관한 법률」에서는 같은 법의 개인정보 관련 내용을 「개인정보보호법」으로 통합했으며, 「신용정보법」에서는 개인정보 자기 결정권 및 전송 요구권을 도입하는 한편 금융 분야 마이데이터인 '본인신용정보관리업' 도입 등으로 기존의 개인정보 보호 규제를 완화하고 금융 분야의 데이터 분석과 활용을 활성화할 법적 · 제도적 기반을 마련하였다.

「개인정보보호법」 개정

「개인정보보호법」은 '데이터 기반의 신산업 육성, 양질의 일자리 창출 기여, 일원화된 개인정보 보호 체계'를 통해, 기업과 국민의 혼란 방지 및 체계적 정책 추진을 위한 배경 형성과 유럽(EU) GDPR 적정성 평가의 필수 조건인 감독기구의 독립성 확보를 목적으로 개정되었다. 이 법에서 중

마이데이터 비즈니스
서프슈머의 탄생

요한 점은 개인정보, 가명정보, 익명정보의 개념을 명확히 했다는 점이다. 개인정보는 특정 개인을 식별할 수 있는 정보이기에 사전에 구체적으로 동의받은 범위 내에서 활용할 수 있다. 반면 가명정보는 특정 개인을 식별할 수 없게 조치한 정보로 추가적 정보의 사용이 있어야만 개인을 특정할 수 있다. 단, 통계작성이나 연구 목적, 공익적 기록 보존 등의 목적에서는 동의 없이 활용할 수 있게 하였다. 그리고 익명정보는 개인을 특정하거나 식별할 수 없게 조치한 정보로, 복원이 불가한 수준의 정보를 말한다. 익명정보는 이제 개인정보가 아니기 때문에 제한 없이 자유롭게 활용할 수 있다.

또한 제도적으로 개인정보처리자의 책임성 강화를 위한 의무 부과, 법 위반 시 과징금 도입 등의 처벌도 강화했다. 그리고 개인정보의 오·남용과 유출 등을 감독할 감독기구는 개인정보보호위원회로 일원화하였고 관련 법률의 유사·중복 규정은 「개인정보보호법」으로 통합했다.

개인의 정보통제권 측면에서 2023년 3월 추가로 개정된 내용 중 주목할 것은 개인정보 전송요구권의 대상에 본인 자신에게 전송요구하는 권리가 포함됐다는 것이다. 이는 2021년 12월 17일 한국데이터산업진흥원에서 주최한 「2021 마이데이터 컨퍼런스」에서 '자기 정보결정권을 보장하는 마이헬스데이터'라는 주제로 저자가 발표한 내용과 일맥상통한다.[19]

「정보통신망법」 개정

「정보통신망법」은 내 개인정보와 관련하여 다른 법령과의 유사성, 중복성을 정비하고, 거버넌스를 개선할 목적으로 개정하였다. 주요 개정 내용으로는 개인정보 보호 관련 사항을 「개인정보보호법」으로 일원화하고, 개인정보 보호의 규제와 감독기관을 방송통신위원회에서 '개인정보보호위원회'로 변경했다는 것이다.

---

19 https://youtu.be/GDO60Fyskxg?feature=shared 참조.

「신용정보법」개정

　「신용정보법」은 빅데이터 분석과 이용의 법적 근거 명확화, 빅데이터 활용의 안전장치 강화, 그리고 개인정보 자기 결정권(활용 동의 제도 개선, 전송 요구권)의 도입 목적으로 개정되었다. 주요 개정 내용으로는 금융 분야 빅데이터 분석과 이용에 관한 법적 근거를 명확히 하고, 「개인정보보호법」과 같이 가명정보의 동의 없는 활용에 관해 규정하고 있다. 또한 가명정보 활용과 결합에 대한 안전장치, 사후통제 수단 마련, 개인정보보호위원회의 법 집행 기능을 강화하였다.

　2020년 8월 시행한 데이터 3법의 주요 개정 내용을 표로 정리하면, [표 5]와 같다.

표 5 「데이터3법」주요 개정 내용

법령	개정 주요 내용
개인정보보호법	• 개인정보 개념을 개인정보 · 가명정보 · 익명정보로 명확화 • 가명정보를 통한 데이터 이용 활성화 • 가명정보의 안전성 확보 조치 사항 • 민감정보에 생체인식정보와 인종 · 민족정보 포함 • 체계적인 개인정보 보호를 위한 위원회 운영제도 개선 • 정보통신망법 시행령의 관련 규정 이관
정보통신망 이용 촉진 및 정보보호 등에 관한 법률(정보통신망법)	• 정보통신망법에 규정된 개인정보 보호에 관한 사항을 개인정보보호법으로 이관 • 정보통신망법에 존치되는 업무 관련 조문 체계 정비
신용정보의 이용 및 보호에 관한 법률(신용정보법)	• 가명정보 결합 절차 및 데이터 전문기관 지정 • 개인정보 자기 결정권 제도 도입 • 마이데이터(본인신용정보관리업) 도입 • 신용정보업 규제체계 선진화 • 금융권 정보보호 상시 평가제 • 금융권 정보 활용 · 제공 동의서 개편

出처: 대한민국 정책브리핑, 2021.11.16자

마이데이터 비즈니스
서프슈머의 탄생

데이터 산업의 진흥과 촉진을 위한 법률

데이터 산업의 진흥과 촉진을 위한 다양한 법률들도 개정되거나 제정되었다. 대표적인 법률들로는 「데이터 기반 행정법」, 「공공데이터법」, 「산업 디지털 전환법」 등이 있다. 「데이터 기반 행정 활성화에 관한 법률(데이터 기반 행정법)」[20]은 데이터를 기반으로 한 행정 활성화에 필요한 사항을 정함으로써, 객관적이고 과학적인 행정을 통해 공공기관의 책임성, 대응성, 신뢰성을 높이고, 국민의 삶의 질을 향상하는 것을 목적으로 하는 법률이다.

「공공데이터의 제공 및 이용 활성화에 관한 법률(공공데이터법)」[21]은 공공기관이 보유·관리하는 데이터의 제공과 이용 활성화 관련 사항을 규정함으로써 국민의 공공데이터에 대한 이용권을 보장하고, 공공데이터의 민간 활용을 통한 삶의 질 향상과 국민경제 발전에 이바지함을 목적으로 하는 법률이다.

「데이터 산업진흥 및 이용 촉진에 관한 기본법(데이터 기본법)」[22]은 데이터의 생산, 거래, 활용 촉진과 관련한 요구사항을 정함으로써 데이터로부터 경제적 부가가치를 창출하고 데이터 산업 발전의 기반을 조성하여, 국민 생활의 향상과 국민경제의 발전에 이바지함을 목적으로 하는 법률이다.

「산업 디지털 전환 촉진법(산업 디지털 전환법)」[23]은 산업 데이터 생성과 활용의 활성화, 지능 정보기술의 산업 적용을 통한 산업의 디지털 전환 촉진을 목적으로 제정되었다. 산업 데이터란 산업활동 중에 생성 또는 활용되는 데이터로, 광(光) 또는 전자적 방식으로 처리하는 모든 유형의 데이터 및 정보를 의미하고, 전체 산업의 거시적 데이터뿐 아니라 개별 기업이 생성·활용하는 모든 데이터를 포함한다.

---

20 데이터 기반 행정법: [시행 2020.12.10.] [법률 제17370호, 2020.6.9., 제정].

21 공공데이터법: [시행 2020.12.10.] [법률 제17344호, 2020.6.9., 타법개정].

22 데이터 기본법: [시행 2022.4.20.] [법률 제18475호, 2021.10.19., 제정].

23 산업 디지털 전환법: [시행 2022.7.5.] [법률 제18692호, 2022.1.4., 제정].

「산업 디지털 전환 촉진법」은 사용수익권 개념을 최초로 도입해 산업 데이터 활용과 보호 원칙을 제시하고 있다. 이는 산업 데이터 생성자가 이를 활용하여 사용수익을 추구할 수 있는 활용의 원칙과 사용수익권에 손해를 입힌 상대에게 손해배상 청구를 할 수 있는 보호의 원칙이다.

우리나라 산업은 의료, 금융, 통신 등의 서비스 분야 중심으로 개인정보를 활용해 왔다. 그러나 산업 가치사슬 전반에서 생성되는 산업 데이터는 기업의 전유물로 독점되거나 일부만 활용하고 있어 적극적 활용이 어려웠다. 또한 지금도 디지털 전환의 가속화로 더 방대해진 데이터를 활용할 역량이나 경쟁력이 부족하여 더욱 효과적으로 활용하지 못하는 실정이다.

「산업 디지털 전환 촉진법」은 산업 전반에 걸친 디지털 기술 적용 활성화를 통해 산업의 가치사슬 혁신과 부가가치 창출을 위한 법적 기반을 마련하였다. 또한 「개인정보보호법」 등 기존 권리보호 법령에서 규정하고 있지 않은 산업 데이터의 개념을 정의하고, 이에 관한 활용과 보호 원칙을 제시하여 기업의 불확실성을 해소하고 산업 데이터의 활용을 활성화하려는 취지를 갖고 있어 의미가 있다.

여전히 남은 '개인정보·소유권' 논란

한국 데이터 법정책학회와 법무법인 세종은 관련 학계 전문가와 변호사, 정부 부처 관계자가 참석한 가운데, '데이터 기본법과 산업 디지털 전환법의 이슈와 과제(22년 3월)'를 주제로 온라인 세미나(Webina)를 개최했다.

데이터기본법은 4월, 산업디지털법은 7월 시행이 예고됐다. 두 법안은 데이터 관련 사업이 불확실한 법률관계에 놓이지 않도록 활성화를 위한 법적 기반을 마련한 데 의의가 있다. 기존 전통적인 생산요소와 차별화한 데이터 사용권과 소유권 등 권리에 대해 규정하고, 부가가치 창출에 초점을 맞춘 진흥법 성격이다.

황원재 계명대 법학과 교수는 발제를 통해 데이터 소유권에 대해 한계를 지적했다. 황 교수는 "데이터는 경제적 가치를 갖고 있고, 보호의 필요성은 인정되지만 법적 개념으로 소유권을 부여하는 것에 대해서는 부정적"이라며 "데이터 소유권 개념에 대한 의견 일치가 없기 때문에 입법에도 혼란을 야기하고 있다"고 설명했다. … (줄임)

박창준 법무법인 세종 변호사는 디지털법의 주요 내용을 분석했다. 박 변호사는 "두 법안은 데이터 거래 활성화를 위해 정책에 대한 근거를 제공하는 법으로 진흥법으로 보는게 맞다"며 "개인정보보호법이 우선 적용되기 때문에 기업활동에 있어서 개인정보에 해당하는지 확인하고 비식별화, 익명처리를 하는 것이 중요하다"고 전했다. … (줄임)

이승민 성균관대 법학전문대학원 교수는 "여전히 개인정보보호제도가 데이터 활용 측면을 강하게 규제하고 있다"며 "글로벌 빅테크는 오히려 디지털 시장의 핵심인 데이터를 독점하면서 부당한 행위를 가리는 방패막이로 사용하고 있다"고 지적했다. (이하 생략)

✎ 출처: 뉴데일리 경제, 데이터법 시행 초읽기… '개인정보·소유권' 논란 여전, 2022년 3월 22일자.
https://biz.newdaily.co.kr/site/data/html/2022/03/22/2022032200210.html

여러 발제자의 공통된 주장은 데이터의 가치에도 불구하고 법적·제도적 한계성이 분명히 나타난다는 점이다. 관련 법률들이 데이터 거래 활성화를 촉진하는 효과적인 법적 근거가 되려면, 「데이터 기본법」과 「산업 디지털 전환법」이 「개인정보보호법」과 서로 상충하지 않는 범위 내에서 다양한 비즈니스 모델들이 개발되어야 할 것이다.

마이데이터(Mydata)

내 정보는 누구의 것인가?

1 | 마이데이터

2 | 마이데이터 산업의 이해

3 | 국내 · 외 마이데이터 사업자 운영 사례

4 | 마이데이터 플랫폼 구성 요소

5 | 마이데이터 산업 내 주요 이슈들

6 | 국내 마이데이터 산업에서 나타나는 실무적 문제점

데이터 경제(Data economy)와 능동적 자기 정보관리

2022년 4월부터 시행된 「데이터 산업진흥 및 이용 촉진에 관한 기본법」, 일명 「데이터 산업법」은 데이터 유통과 거래 촉진을 위한 법률이다. 즉 데이터의 가치를 인정하고, 이를 유통 또는 거래를 통해 부가가치를 창출하는 하나의 새로운 산업으로 여기고 진흥하고자 하는 의지를 담고 있다. 반면, 활용이 가능한 가치를 지닌 데이터가 알맞게 활용되지 못하거나 유출·침해되는 상황이라면, 그 주체가 더 강력한 처벌을 받게 되는 것을 내용으로 담고 있다.

이제 데이터는 활용과 보호 가치에 대한 법적 근거를 갖게 되었으며, 데이터를 유통하고 거래하는 사업 목적을 가진 기업들은 데이터에 대한 중요성을 더 분명하게 인식해야 할 필요가 있다.

그런데 2022년 10월 국내 대형 플랫폼 사업자의 데이터 센터 화재 사건이 있었다. 이 사건은 전 국민의 일상을 혼란스럽게 만들고, 관련 사업의 손실을 발생하게 했으며, IT 강국의 국가 이미지를 손상하는 사례가 되었다. 예측하지 못한 사고로 인한 손실이라도, 데이터 경제 시대에 국가 경제와 사회 모든 면에 데이터가 어떤 영향을 미치는지 단적으로 잘 보여주는 사례가 되었다.

개인정보의 유출과 침해 관련한 문제가 발생할 때 미치는 영향은 더 심각하다. 데이터가 중요해진 만큼 개인의 정보와 권리가 침해당할 소지도 더 커졌다. 이제는 정보 주체 스스로 자신의 정보를 관리하고 권리를 보호하는 데 적극적이고 능동적으로 나서야 할 때가 되었다. 내 정보의 가치가 높아지면 높아질수록 내 정보를 원하는 상대는 합법적인 방법이든 불법적인 방법이든 개인의 정보를 가지려 할 것이기 때문이다.

전 세계 많은 사업 주체들은 지금 사용자 개인의 정보를 기반으로 하는 새로운 산업, 즉 마이데이터 산업의 가치를 알아보고 금융, 의료, 교육 등 다양한 분야에서 새로운 사업 기회들을 찾아 나가고 있다. 그렇다면 데이터 경제에서 마이데이터가 갖는 가치는 무엇일까?

CHAPTER 1 마이데이터

개인신용정보 전송 요구권에 기인한 마이데이터

마이데이터(MyData)는 소비자의 개인신용정보로, 이는 금융회사나 공공기관 등이 자체적으로 보유하고 있는 정보이다.[24] [그림 12]와 [그림 13]에서처럼, 마이데이터의 제도적·법적 기반은 개인신용정보 전송 요구권[25]에서 기인한다. 즉, 소비자가 자신의 개인신용정보를 금융회사(정보제공자) 등으로부터 마이데이터 사업자(데이터 수신자)에게 전송하도록 요구할 수 있는 권리이다. 개인신용정보 전송 요구권은 개인의 데이터 주권을 확립·강화하는 권리이며, 이를 기반으로 마이데이터 사업자는 정보 주체인 고객에게 더 편리한 금융 서비스를 제공하게 된다.

그림 12 마이데이터 서비스 구성

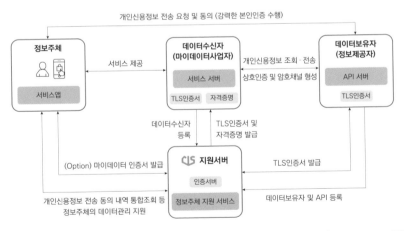

↗ 출처: 금융보안원

---

24 마이데이터 종합 포털(www.mydatacenter.or.kr).

25 「신용정보법」 제33조의 2.

그림 13 마이데이터의 개념

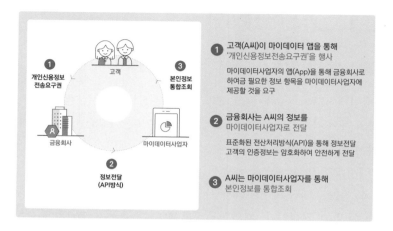

고객

본인정보 통합조회 ③

금융회사

마이데이터사업자

정보전달 (API방식) ②

① **고객(A씨)이 마이데이터 앱을 통해** '개인신용정보전송요구권'을 행사

마이데이터사업자의 앱(App)을 통해 금융회사로 하여금 필요한 정보 항목을 마이데이터사업자에 제공할 것을 요구

② **금융회사는 A씨의 정보를** 마이데이터사업자로 전달

표준화된 전산처리방식(API)을 통해 정보전달 고객의 인증정보는 암호화하여 안전하게 전달

③ **A씨는 마이데이터사업자를 통해** 본인정보를 통합조회

⟁ 출처: 마이데이터 종합 포털(www.mydatacenter.or.kr)

마이데이터의 권리: 개인정보 이동권과 개인 통제권, 자기 정보결정권

앞서 간략히 전술했듯이, 마이데이터는 정보 주체인 개인의 개인정보 열람권, 동의 또는 개인정보 전송 요구권(이동권)에 법적 근거를 두고 있다. 개인정보 이동권은 「신용정보법」에서 처음 전송 요구권으로 도입되어, 이제는 개인신용정보뿐 아니라 일반적인 개인정보 전체로의 확대에 대한 논의가 이어지고 있다.

또한 2023년 9월 시행 예정인 개인정보보호법에는 개인정보 전송 요구권에 본인에게도 요청할 수 있는 권한이 새롭게 부여되어 본인이 직접 개인정보를 관리할 수 있도록 하였다.

이 개인정보 이동권을 개인의 통제권 강화라는 측면에서 강하게 제도화하려는 움직임은 주로 유럽에서 확인할 수 있다. 유럽에서는 「개인정보보호법(EU GDPR)」을 통해 개인정보 이동권을 명문화하고 정보 주체의 통제권을 더욱 강화하려는 논의가 진행 중이며, 사물인터넷(IoT) 등에서 지속해서 생성되는 데이터에 대해 개인 통제권을 강화하고 개인데이터 저장소 등을 제공하는 사업자가 중립적 중개인(Neutral broker) 역할을 하는 규정을 고려하고 있다.

반면, 데이터 기업들은 개인정보는 기술적으로도 충분히 비식별화 할 수 있지만 개인정보보호의 측면이 강조됨으로써 글로벌 인터넷 기업으로의 데이터 편중 현상이 심화하여, 국내 데이터 기업의 국제 경쟁력이 약화되고 데이터 산업을 위축시키며 새로운 보안 위협이 발생할 수 있다고 주장하고 있다.

마이데이터가 갖는 또 다른 의미로 개인의 자기 정보결정권, 즉 정보 주체의 데이터 주권을 빼놓을 수 없다. 개인데이터의 활용과 관리에 관한 통제권을 개인이 갖게 된 것이다. 과거 협약된 기관 또는 기업에서만 가능했던 개인데이터 공유 체계가 개방형으로 전환되면서, 개인데이터 기반 수익 구조에서 소외되었던 개인에게도 이익을 제공할 수 있는 새로운 비즈니스 모델이 나타났다. 이를 통해 데이터 경제 활성화를 이루려는 움직임도 활발해졌다.

마이데이터의 활용: 통합, 결합, 보장, 전달, 확대

마이데이터의 활용은 크게 다섯 가지 유형으로 구별할 수 있다. 첫째는 통합, 둘째는 결합, 셋째는 보장, 넷째는 전달, 마지막은 확대이다.[26]

통합은 각 금융사나 기관에 흩어져 있는 개인의 정보를 한곳에 모아서 활용하는 것이다. 각 은행, 증권, 연금, 부동산 등의 자산을 하나의 통합자산관리 서비스로 제공하는 방식으로 기존 금융 제도권에서 동일 그룹 내에서는 가능했던 서비스이며, 마이데이터 산업 이후에는 다른 그룹 내 개인 자산 정보까지 통합할 수 있는 장점이 생겼다.

결합은 이종 산업 간 개인정보를 하나로 모아 활용하는 것이다. 가령, 금융정보와 건강정보를 하나로 합쳐 자산관리와 건강관리를 함께 할 수

---

26   뱅크샐러드(2021), 마이데이터맵과 비즈니스 확장성.

있는 보험 상품이나 서비스를 맞춤형으로 제공받을 수 있다.

보장은 개인의 신용이나 신원 등을 확인하고 증명하는 것이다. 기존의 신용평가사 등에서 개인이나 사업자의 신용을 보장하고 대출이나 보증을 하던 것과 마찬가지로, 광범위한 마이데이터를 기반으로 새로운 형태의 보장과 보증을 하는 것을 말한다.

다음으로 전달은 개인정보 이동권과 관련한 것으로, 개인정보를 이동하고 전달하는 과정에서 드는 비용을 줄이고 다른 곳으로 데이터를 효율적으로 전달하는 데 활용하는 것이다. 현행 의료법상 특정 병원에서 다른 병원으로 의무기록사본(EMR)을 전달하기 위해서는, 이전 병원에서 문서나 저장매체를 통해 복사 후 다른 병원으로 물리적으로 이동한 뒤에 제출해야 한다. 의무 기록과 같은 매우 민감한 데이터의 경우 이처럼 물리적 이동을 통해 보호해야 하는 취지는 이해할 수 있으나, 디지털 경제의 고도화와 디지털 변혁이 산업과 사회 전반에 확대되고 있는 상황에서는 실효적인 측면의 의구심이 남는 것도 사실이다. 주민등록등본과 같은 공식 문서도 온라인은 물론, 전국 주민센터 어디서나 온오프라인으로 발급받을 수 있도록 전자정부(e-Government) 서비스가 잘 되어있고, 병원에서 보험사의 키오스크를 통해 보험금 청구도 바로 할 수 있다.

확대는 디지털 활용도가 낮은 세대나 사용자를 대신하여 정당한 대리인이 위임자의 자산, 건강, 교육 정보 등을 관리하도록 활용 대상과 범위를 넓히는 것이다. 실제 금융 서비스나 공공서비스를 이용할 때 대리인의 신분증과 위임장 등을 통해 대리 행사를 하는 방식으로, 마이데이터도 개인정보에 국한하지 않고 자신과 관련한 사람의 개인정보 관리 영역까지 확대될 수 있다.

그림 14 마이데이터 활용 유형 예시

① 통합 Integrate

통합 자산관리

A은행 펀드 · B금투 주식 · 연금 · 부동산

개인중심 Single View

② 결합 Converge

휴대폰/운동앱 통신/전자

건강검진 의료

건강식단 및 코칭

지출 내역 금융/결제

소비품목 Retail유통

데이터분석/알고리즘

③ 보장 Assure

금융 마이데이터

비금융 마이데이터

CB → 금융사

제3자 중립성, 신뢰성

④ 전달 Connect

진료비 영수증 처방전 진단서/세부내역 병원/약국

보험청구 → 보험사

Seamless 고객경험

⑤ 확대 Expand

마이데이터 → 가계단위 자산/세금컨설팅

보험사

부모

개인정보보호, 소셜

◁ 출처: 뱅크샐러드(2021), 마이데이터맵과 비즈니스 확장성

PART 02 마이데이터(Mydata)

53

마이데이터 권리와 관련한 문제: 사전 동의와 활용 통지

동의는 정보 주체인 개인이 자신의 데이터를 활용해도 좋다는 승인 의사를 표현하는 것으로, 개인데이터 활용에 대한 허가를 받는 가장 필수적인 절차에 해당한다. 개인데이터의 이동과 활용이 이루어지는 마이데이터 서비스 생태계에서, 개인의 통제권을 보장하는 동시에 개인데이터 활용의 허가서로 통용될 수 있는 동의는 점차 그 중요성이 강화되고 있다. EU의 개인정보보호 규정인 GDPR은 개정 이전보다 더 강화된 동의 조건을 규정함으로써 개인의 통제권과 선택권을 보장하도록 하고 있다.

국내의 「개인정보보호법」 등에서도 개인데이터 수집, 이용, 제공 시 개인의 동의를 기반으로 하도록 명시하고 있으며, 개인데이터 활용에 관한 승인의 의미를 지닌 동의는 서비스 간 개인데이터 공유 시 상호 호환이 가능한 형태로 관리되어야 한다고 규정하고 있다.

마이데이터 산업에서 개인데이터의 이동과 활용이 활성화되기 위해서는, 개인의 통제권을 보장하면서 개인데이터 활용의 허가서로 통용될 수 있는 동의의 중요성에 관한 인식을 높일 필요가 있다. 또한 개인정보는 사전적이고 구체적인 동의를 받은 범위 내에서만 활용할 수 있지만, 추가 정보 없이 특정 개인을 알아볼 수 없게 만든 가명정보는 통계작성이나, 연구 목적, 공익적 기록 보존의 목적에서 동의 없이 활용할 수 있게 하였다. 익명정보는 복원 불가능한 수준의 조치로 인해 더는 개인정보라 할 수 없으므로, 제한 없이 자유롭게 활용할 수 있다.

그런데 문제는 개인정보 활용의 영역에서 사전 동의가 필요한 개인정보의 범위가 너무 포괄적이라는 점이다. 정보 주체인 개인 당사자도 어디까지가 반드시 지켜져야 할 중요한 개인정보인지 판단하기 어렵고, 산업 내에서도 소비자 데이터를 어디까지 보호하며 비즈니스에 활용해야 하는지 기준선이 불분명하다.

1등급 개인정보는 그 자체로 많은 효력을 발휘하는 개인 식별정보라서 논란의 여지가 없지만, 3등급 개인정보라면 상황이 조금 다르다. 특히, 「위치정보법」은 사람을 대상으로 하는지 아니면 사물을 대상으로 하는지, 또는 개인으로 식별되는지 아닌지 등과 관계없이 모든 위치정보를 포괄적으로 동의받도록 강요하고 있어, 온전히 동의받기가 어려운 탓에 관련 산업의 발달을 저해하는 요인이 되기도 한다.

또한 개인정보 이용 내용 통지에 대해서도 문제의 소지가 있다. 「정보통신망법 제30조 2항」에 따라, 1년 단위로 개인정보 이용 이력 통지를 의무화하였으나, 1년간 실제 어떤 정보를 수집하고 언제 누구에게 어떠한 정보를 제공 또는 위탁했는지에 관한 내용이 아닌 최초 동의 획득 시 제시되었던 약관 내용 그대로 재통보하는 식에 관행에 머물러 있다.

CHAPTER 2 마이데이터 산업의 이해

마이데이터 서비스 주요 참여자와 역할

마이데이터 산업의 주체는 고객, 정보 제공자, 중계기관, 마이데이터 사업자, 마이데이터 종합 포털, 인증기관 등으로 구성되며 세부 요건과 역할은 다음과 같다.

고객은 자신의 개인신용정보를 정보 제공자를 통해 보유하고, 자신의 개인신용정보를 수집·관리하는 정보 제공자가 마이데이터 사업자에게 고객 자신의 개인신용정보를 전송하도록 요청할 수 있다. 정보 제공자는 고객의 개인신용정보 전송 요구에 응하여, 전송 요구 주체가 고객 본인임이 확인되면 마이데이터 사업자에게 해당 고객의 개인신용정보를 전송한다. 마이데이터 사업자는 고객이 정보 제공자에게 정보를 전송하도록 지원하고 정보 제공자로부터 전송받은 고객의 개인신용정보를 활용하여 고객에게 마이데이터 서비스를 제공한다. 마이데이터 종합 포털은 정보 제공자와 마이데이터 사업자를 등록·관리하고 고객의 개인신용정보 전송 요구 내용의 일괄 조회 등 마이데이터 서비스를 위한 지원기능을 제공한다. 인증기관은 통합인증을 위한 본인 인증수단을 발급 및 관리하고, 중계기관은 중소형 금융회사 등과 같은 일부 정보 제공자를 대신하여 고객의 개인신용정보 전송 요구에 따라 마이데이터 사업자에 개인신용정보를 전송할 수 있다.

마이데이터 사업자 현황

마이데이터 사업자는 [표 6]과 같이, 은행, 보험, 금융투자, 여신전문금융, 저축은행, 상호금융, CB, IT, 핀테크, 통신, 전자금융 등의 분야에서 약 60여 개 회사가 인가받았다.[27]

---

27 마이데이터 종합 포털(www.mydatacenter.or.kr).

마이데이터 비즈니스
서프슈머의 탄생

표 6 국내 마이데이터 사업자 현황

구분	주요 사업자
은행업권	• 우리은행, 신한은행, KB국민은행, NH농협은행, SC제일은행, 하나은행, 광주은행, 전북은행, IBK기업은행, DGB대구은행
보험업권	• 교보생명, KB손해보험
금융투자 업권	• 미래에셋증권, 하나금융투자, 키움증권, 한국투자증권, NH투자증권, KB증권, 현대차증권
여신전문 금융업권	• KB국민카드, 비씨카드, 우리카드, 신한카드, 현대카드, 하나카드, 현대 캐피탈, KB캐피탈, 롯데카드
저축은행 업권	• 웰컴저축은행, 동양저축은행
상호금융 업권	• 농협중앙회
CB업권	• NICE평가정보, KCB
IT업권	• LG CNS
핀테크업권	• 토스, 네이버 파이낸셜, 뱅크샐러드, NHN 페이코, 카카오페이, 헥토이노베이션, 해빗팩토리, 한국신용데이터, 쿠콘, 핀셋N, 팀윙크, 보맵, 핀다, 핀테크, SK 플래닛, 아이지넷, 핀크, 뱅큐, 유비벨록스, 핀트, FN가이드, 코드에프, HN핀코어
통신업권	• SK텔레콤, KT, LG U+
전자금융 업권	• 11번가

◁ 출처: 한국신용정보원, 마이데이터 종합 포털

마이데이터 사업자 주요 업무 범위

마이데이터 업권별 사업자들의 주요 서비스와 정보 활용 내용은 다음과 같다. 은행업권은 계좌거래내용, 대출 잔액, 금리 산정 등의 다양한 금융자산 현황 등을 분석해, 저축·재테크 방안 등을 통한 자산 형성 서비스를 지원한다. 카드업권은 카드 사용일시, 결제나 카드 대출 이용 내역 등의 소비패턴 데이터를 분석하여, 다양한 사용 혜택을 주거나 합리적인 소비 습관으로 개선되도록 지원한다. 금융투자업권은 투자종목, 금액, 자산규모 등의 투자정보로 투자패턴을 분석하고 세제 혜택, 투자 습관 개선 등 여러 포트폴리오 서비스를 제공한다. 보험업권은 보험료 납부 내역, 보험기간, 보장내용 등의 보험 정보로 노후 예측, 건강 분석을 수행하고, 연금 관리 기반의 노후 설계와 저비용의 건강관리 서비스를 제공한다. 핀테크업권은 은행, 카드, 보험 등 여러 금융업권의 상품과 정보를 종합적으로 비교 분석하여 맞춤형 금융상품 추천이나 정보 주체의 정보 권리 행사를 대행하는 서비스를 제공한다. IT업권은 금융과 유통, 통신 등의 데이터와 결합함으로써, 통신과 유통 정보 기반 금융상품과 같이 개인화된 고부가가치 창출을 위한 혁신 서비스를 제공한다.

이렇듯 마이데이터 사업자는 개인정보와 관련한 빅데이터를 분석하여 새로운 서비스나 제품을 만들고 사용자(정보 주체)의 부가가치를 높이기 위한 새로운 사업에 마이데이터를 활용하고 있다.

[표 7]은 마이데이터 사업자의 업무 범위를 나타낸 것으로, 마이데이터 사업자의 업무 범위는 고유 업무, 부수 업무, 겸영 업무로 구분된다. 고유 업무는 입출금 내역, 거래 내역, 계좌정보 등 개인신용정보 통합 조회같은 본연의 업무를 말하고, 부수 업무는 고객 데이터 분석이나 컨설팅, 자기 정보결정권 대리 행사 등 정보관리 및 데이터 산업 관련 업무를 의미한다. 겸영 업무는 투자자문이나 일임 등 부가서비스 제공을 위한 업무이다.

표 7　마이데이터 사업자의 업무 범위

구분	업무 범위
고유 업무 (개인신용정보 통합 조회)	• 은행 · 상호금융 · 저축은행 등의 예금계좌 입출금 내역 • 신용카드 · 직불카드 거래 내역 • 은행 · 상호금융 · 저축은행 · 보험사 등의 대출금 계좌정보 • 보험회사의 보험계약 정보(단, 보험금 지급정보는 제외) • 증권회사의 투자자예탁금 · CMA 등 계좌 입출금 내역 및 　금융투자상품(주식 · 펀드 · ELS 등)의 종류별 총액 정보 • 전기통신사업자의 통신료 납부내역 등의 신용정보
부수 업무 (정보관리 및 데이터 산업 관련 업무)	• 고객에게 제공된 개인신용정보를 기초로 해당 고객에게 하는 데이 　터 분석 및 컨설팅 업무 • 고객에게 고객 본인이 직접 수집한 개인신용정보를 관리 · 사용할 　수 있는 계좌를 제공하는 업무
	• 개인정보 자기 결정권의 대리 행사 업무 • 데이터 판매 및 중개업무 등
겸영 업무 (부가서비스 제공을 위한 업무)	• 투자자문 · 투자일임업(전자적 투자 조언 장치를 활용하는 방식) • 「전자금융거래법」 제28조에 따른 전자금융업 • 「금융소비자보호법」 제2조 제4호에 따른 금융상품자문업 • 신용정보업(개인신용평가업, 개인사업자신용평가업 등) • 대출의 중개 및 주선업무 • 온라인투자연계금융업 등

◁ 출처: 금융위원회(2018.7.17.), 금융 분야 마이데이터 산업 도입방안,
금융위원회 · 한국신용정보원(2021.2.), 금융 분야 마이데이터 서비스 가이드라인, 재인용

마이데이터 서비스 중계기관 현황

금융회사는 「신용정보법」 제22조에 따라, 고객의 개인신용정보를 마이데이터 사업자에게 직접 전송할 인프라 구축이 필요하다. 현재는 회사의 규모, 금융 거래 빈도 등을 고려하여 마이데이터 중계기관을 통해 전송할 수 있다. [그림 15]는 국내 마이데이터 서비스 중계기관의 현황이다.

그림 15 마이데이터 서비스 중계기관

↗ 출처: 마이데이터 종합 포털(www.mydatacenter.or.kr)

마이데이터 서비스

현재의 마이데이터 서비스는 금융 소비자 개인의 금융정보, 곧 개인신용정보를 통합하고 관리하는 서비스이다. 마이데이터 서비스를 통해 기관 등에 흩어져 있는 개인정보를 모아서 본인 계좌정보 통합 조회, 금융상품추천, 재무 컨설팅 등을 받을 수 있다. 가령, [그림 16]처럼 하나의 자산관리서비스 앱을 통해 은행, 카드, 증권, 보험, 금융투자 등의 전 계좌조회나 맞춤형 최적 상품을 추천받을 수 있다.

그림 16 마이데이터 서비스 예시

마이데이터서비스는 금융소비자 개인의 금융정보(신용정보)를
통합 및 관리하여 주는 서비스를 말합니다.

1개의 대출상품에 대한 이자상환은 이번달 30일이며 대출 만기일은 12월 30일입니다.

A은행
BANK

B카드

1개의 카드대금 상환이 오늘 예정되어 있습니다.

마이데이터

C보험

항공권을 예약하심에 따라 여행자보험 상품을 추천드립니다.

D금융투자

가입하신 펀드상품의 수익률이 20%가 되었습니다.

출처: 마이데이터 종합 포털(www.mydatacenter.or.kr)

[그림 17]은 국내 금융 분야 마이데이터 서비스 사업자의 주요 서비스와 적용 사례를 나타낸다.

그림 17 마이데이터 사업자 및 서비스 적용사례

마이데이터 비즈니스
서프슈머의 탄생

마이데이터 보험분석

(주)해빗팩토리

마이데이터를 통한 보유보험 보장분석 서비스

---

finda

핀다

(주)핀다

핀다 - 맞춤 대출조건비교, 신청, 관리를 한번에

NH마이데이터

금융과 일상을 연결하다

NH마이데이터

농협은행 주식회사

흩어진 내 정보를 관리해주는 나만의 비서, 생활금융파트너

WON

우리 마이데이터

(주)우리은행

내 데이터가 가치가 되는 새로운 경험! 우리 마이데이터 서…

KB손해보험

마이데이터서비스

(주)KB손해보험

KB손해보험 마이데이터 서비스

하루조각

하루조각

(주)엘지씨엔에스

국내 유일한 IT기업 마이데이터 사업자 LG CNS가 제공하는 …

KB 차차차

KB차차차 차테크

KB캐피탈

내 차를 사고 팔고 유지하는 모든 순간에 필요한 자동차 금…

하나 합

하나 합

주식회사 하나은행

내 자산이 합해지는 자산관리 합플레이스 하나 합과 스마트…

머니버스

머니버스

(주)신한은행

모든게 돈이 되는 세상 머니버스에서 돈을 버는 기회는 물…

광주은행

광주은행 마이데이터

(주)광주은행

한눈에 확인하는 MY자산 생활 밀착형 마이데이터 서비스를 …

NH콕 마이데이터

NH콕마이데이터

농업협동조합중앙회

NH콕뱅크는 금융, 생활, 영농, 쇼핑을 ONE-STOP으로 이용…

---

iM뱅크

DGB마이데이터

(주) 대구은행

iM뱅크에서 편하게 나의 자산 관리

PAYCO

PAYCO

엔에이치엔페이코 …

생활금융플랫폼 페이코의 마이데이터 서비스

MIRAE ASSET 미래에셋증권

MY자산

미래에셋증권 주식…

국내 최대 증권사 미래에셋증권 마이데이터 서비스

---

i-ONE 자산관리

i-ONE 자산관리

중소기업은행

IBK기업은행의 i-ONE뱅크앱에서 제공하는 마이데이터 기반…

신한pLay

신한pLay 마이데이터

신한카드 주식회사

여러 업권의 개인(신용)정보를 안전하게 수집하여 쉽게 조회…

MY자산

키움증권

16년 연속 대한민국 주식시장 점유율 1위 키움증권이 만든 …

☑ 출처: 마이데이터 종합 포털(www.mydatacenter.or.kr)

마이데이터 산업이 개인신용정보를 기반으로 금융 분야부터 시작된 산업이기에 현재의 마이데이터 서비스는 금융 서비스에 한정되어 있다. 하지만 마이데이터는 금융, 의료, 교육, 생활, 여가 등 개인의 삶 전반에서 생성될 수 있는 개인데이터의 총체라고 할 수 있다. 따라서 마이데이터 서비스는 여러 산업군에 걸쳐 생성되는 개인의 데이터를 통합·결합·확장된 형태를 기반으로 개발되는 것이 바람직할 것이다.

최근 보험사의 마이데이터 사업자 인가를 시작으로 보험(금융)과 건강(의료)이 결합된 형태의 서비스가 기대되는 가운데, 향후 의료, 교육 등 다른 산업에서의 마이데이터 사업자 인가가 확대되면 이전과는 다른 고차원적 마이데이터 서비스가 제공될 것으로 예상된다.

국내·외 마이데이터 사업자 운영 사례

대표적인 마이데이터 비즈니스 모델 중 개인자산관리 서비스와 마이데이터 관리 서비스에 관해 국내외 사례를 중심으로 더 구체적으로 알아보자.

개인 자산 관리 서비스(마이데이터 활용자)

① 핀테크 기업

대표적인 자산관리 서비스 사례로 미국 핀테크 업체인 인튜이트(Intuit)에서 제공하는 민트를 들 수 있다. 민트(Money Intelligence, Mint)는 고객의 동의하에 은행, 카드, 증권, 보험 등의 금융계좌정보를 오픈 API 스크레이핑 기술을 이용하여 수집해서 일괄 조회하고 관리할 수 있는 무료 서비스를 제공한다.

고객은 제공된 통계나 그래프를 통해 본인의 재무상태, 지출현황, 투자 상황 등을 파악하고 청구 금액 알림 및 결제도 할 수 있다. 또한 민트를 통해 현재의 신용평가점수를 파악하고, 신용평가 점수를 상향시킬 수 있는 조언도 얻을 수 있다.

민트의 주 수익모델은 고객에게 적합한 금융상품을 추천하고, 고객이 민트를 통해 상품을 가입하면, 해당 회사로부터 중개수수료를 받는 것이다. 이는 데이터 기반의 고객 맞춤형 상품 추천 역량이 있어야 가능하다.

2007년 9월에 서비스를 출시한 Mint.com은 2009년에 인튜이트에 인수되었다. 민트는 서비스 출시 전부터 20~30대 고객을 타겟으로 한 재무 콘텐츠 블로그를 운영하여 약 2만 명의 고객을 미리 확보하였다. 출시 후 2008년 이용고객은 30만 명, 2009년 인수될 당시 약 100만 명에서 현재 약 2,000만 명 이상의 사용자를 확보한 것으로 알려져 있다.

민트 이외에도 다수의 핀테크 기업에서 새로운 디지털 기술과 데이터 분석역량을 기반으로 지출관리, 신용관리 등의 서비스를 운영 중이고 국내에서도 토스, 뱅크 샐러드, 카카오뱅크 등의 사업자가 있다.

② 전통 금융회사

전통 금융회사들 역시 이러한 변화에 대응하기 위해 자산관리 서비스를 선제적으로 제공하거나, 핀테크 등 이업종과의 제휴를 통해 플랫폼(앱)을 강화하고 있다.

오픈뱅킹을 먼저 도입한 영국의 경우, 바클레이즈, HSBC 등 주요 은행에서 고객 편의성 제고를 위해 통합조회 및 자산관리 서비스를 제공하고 있다. HSBC는 기존모바일 앱과는 별도로 자체 오픈 뱅킹 플랫폼 '커넥티드 머니(Connected Money)' 앱을 2018년 5월에 출시하였다. 이 앱은 21개 은행의 계좌, 대출, 모기지, 카드 관련 내역 정보에 대해 조회할 수 있는 서비스를 제공하고, 지출 분석 서비스 기능도 제공한다. 기존 고객 중심의 서비스이며 플랫폼 내 자사 및 계열사 위주의 상품 추천에 주로 활용되고 있다.

ING는 영국에서 오픈뱅킹 제도 시행 6개월 전에 별도의 사업으로 Money Management 앱인 Yolt를 런칭한 바 있다. Yolt는 고객 계좌정보 통합조회, 재무상태 관리 및 수입·지출 분석 서비스 등을 기본적으로 제공하였다. 초기에는 핀테크 기업을 통해 고객정보를 받다가 오픈뱅킹 본격화로 각 은행의 표준 API 기반의 서비스를 제공하고 있으며, 로보어드바이저, 보험 추천, 공과금 납부 등의 서비스도 제공한다. 사용 고객 수는 2018년 6월 기준 25만 명에서 2020년 6월 기준 140만 명으로 크게 증가하였다.

Yolt의 성공요인 첫째는 서비스 대상을 잠재고객까지 포함하였다는 것이다. 유사서비스를 제공하는 영국의 주요 은행들이 보유고객 대상으로 자산관리 서비스를 제공한 반면 브랜드 경쟁력이 낮았던 Yolt는 타행 고객도 서비스를 이용할 수 있도록 하였다.

둘째, 제휴를 통해 다양한 상품과 서비스를 제공하고 있다. 경쟁 은행이 주로 자사나 계열사의 상품을 추천하는 반면, Yolt는 고객의 니즈가 있으면 자체 또는 제휴 서비스를 제공하고자 노력하였다. 예를 들어 코로나19 확산으로 자동차 사용량이 줄어드는 것에 비해 보험료가 높다고 생각하는 불만 고객이 많음을 파악하고, 주행 거리별 보험료를 산정하는 인슈어테크 '바이 마일즈(By Miles)'와 제휴하는 등 다양한 사업자의 서비스를 제공 하였다.

셋째, 지속가능한 서비스 제공을 위해 수익원을 발굴했다. Yolt 마이데이터 서비스(앱)를 상품 판매채널로 활용하는 것으로는 고객 소구력을 갖기 어렵다고 판단하고, 플랫폼 운영을 주 비즈니스 모델로 하였다. 개인고객에게는 일반적으로 무료 서비스로 제공하고 고객이 추천받은 제휴 상품(서비스)을 선택하면 해당 기업으로부터 중개수수료를 받고, 기업고객에게는 은행업무 관련 필요 API를 제공하여 사용 수수료를 받는 모델이다.

국내에서도 하나은행이 '하나합', IBK 기업은행은 'I-ONE', KB국민은행이 'KB마이머니', 우리은행은 '우리원뱅킹', 신한은행은 '머니버스' 등의 마이데이터 서비스를 통해 맞춤형 자산관리를 제공하고 있다.

데이터 뱅크(마이데이터 운영자, 저장소 서비스)

① 정보신탁형(일본 정보은행)

일본은 개인데이터를 자의적으로 활용하는 이슈에 대응하고, 데이터 산업을 활성화시키기 위해 정보은행 사업을 추진하고 있다. 정보은행 사업은 일본 IT단체 연맹으로부터 인증 받아야 사업이 가능하다. 사업자가 개인에게 개인데이터 저장소(Private Data Storage, PDS)를 제공하며 개인을 대리해서 정보제공의 타당성을 판단하고 제삼자에게 정보를 제공하는 방식이다. 전문가에게 판단을 맡기는 대신 개인은 정보사용에 대한 수수료를 받는다.

일본의 미쓰이 스미토모 신탁은행은 2019년 6월 정보은행 인증을 받아 새로이 정보신탁업을 시행하고 있다. 개인의 위임에 따라 개인이 직접 입력한 정보 혹은 기업 건강검진 데이터 관리회사, 지역 약국, 병원 등으로부터 데이터를 수집하여, 이를 헬스케어 서비스 등 데이터 활용 업체에게 제공한다. 고객에게는 앱을 통해 취합한 개인데이터를 보여주고, 데이터 이용업체와 혜택을 알려준다. 약 10여개의 기업 건강검진 데이터 관리 회사 등과 데이터 제공 계약을 체결하고 있으며, 데이터 이용 목적은 상품개발과 고객수요 분석에 한정하고 있다.

② 개인주도형(디지미)

2009년에 설립된 영국의 PDS 사업자 디지미(Digi.me)는 개인정보 통합관리와 제삼자 데이터 제공에 특화 되어있다. 디지미는 고객 스스로가 여러 곳의 개인데이터를 수집하여 한곳에 저장·관리할 수 있는 기능을 제공하고, 고객이 허용하는 범위에서 제삼자가 이용할 수 있도록 한다. 일본 정보은행과는 달리 데이터 수집, 저장, 공유의 전 과정을 본인의 선택에 맡기는 개인 직접 통제권을 행사하는 방식이다.

개인이 디지미 앱에 본인 데이터를 가져올 사이트의 아이디와 패스워드를 제공하면, 디지미는 데이터를 수집·암호화하여 회사의 서버가 아닌 개인소유의 클라우드 계정(예. Dropbox, Google Dirve, Microsoft OneDrive)에 각자 저장하고 개인에게 수집 현황 정보를 알 수 있는 화면을 제공한다.

개인이 디지미 플랫폼과 제휴된 금융, 건강 등의 다양한 서비스 앱 중 원하는 서비스를 선택하고 데이터 제공을 허락하면, 디지미가 데이터 이용 회사들이 사용하기 용이한 형태로 데이터를 제공하게 된다. 디지미는 핀테크 기업과의 제휴를 통해 1,000여 개 금융기관의 거래 정보를 수집하고 페이스북 활동, 의료, 건강 및 피트니스, 음악 등 다양한 비금융 영역의 정보도 수집 가능하다.

디지미 제휴 사업자들은 이러한 정보를 바탕으로 개인별 재정상태 분석 및 관련 상품 추천, 건강관리 정보제공, 최적의 출근길 정보 등의 서비스를 개발하여 고객에게 제공한다. 금융뿐 아니라 다양한 소스의 데이터를 복합적으로 사용할 수 있기 때문에 보다 다양한 서비스 개발이 가능하다.

디지미에서 제공하는 여러 부문의 서비스는 다음과 같다. 금융부문의 Finsights는 금융계좌를 통합하여 시각적으로 보여주고, 지출 분석 등의 개인 재무 관리 기능을 제공한다. 건강부문의 HealthyMe는 개인 건강상태 확인 및 분석 기능, 면역, 진단, 처방 및 의약품 정보 등의 건강정보를 제공하며, Retina Risk는 당뇨병 환자를 위한 당뇨병성 망막증 관련 서비스를 제공한다. 질병 진행 상황을 추적하고 망막증 발병 위험 가능성을 진단해 준다. VaxAbroad는 특정국가 여행 전에 어떤 백신이 필요한지를 예방접종 기록을 분석하여 알려준다. 소셜 미디어 분석 앱인 Sand는 페이스북 등의 데이터를 기반으로 머신 러닝 기법을 이용, 소셜미디어 사용방법에 대한 인사이트를 주는 서비스 제공한다.

디지미는 고객에게 높은 개인정보 보호 수준과 확실한 정보통제권을 줌으로써 신뢰를 확보하여 양질의 데이터를 확보하였다. 또한 제휴 서비스 업체들이 데이터를 쉽게 이용할 수 있도록 제공하여, 트랜잭션 발생에 따른 사용료나 연계 앱에서 창출된 수익 일부를 공유 받는 모델을 지니고 있다.

[그림 18]에서 보이는 것처럼, 영국의 디지미(Digi.me)는 단일 플랫폼에서 개인정보를 수집·관리·활용하는 통합 플랫폼으로, 개인의 금융정보뿐만 아니라, 비금융정보도 한곳에서 통합 관리하는 플랫폼을 지향하고 있다. 디지미가 통합 저장하는 금융정보로는 핀테크 기업인 플레이드(Plaid)와 제휴한 바클레이즈(Barclays), 시티(Citi) 등 1,000여 개 은행의 거래 정보와 비자, 마스터카드 등의 카드 거래 정보를 포함한다. 비금융정보는 페이스북, 트위터, 인스타그램 등의 소셜 네트워크 활동 내용은 물론, 웨어러블 기업인 핏빗(Fitbit) 등에서 사용자의 활동과 운동 내

용, 수면 기록과 같은 개인 건강정보와 습관 정보까지 통합적으로 데이터를 관리하고 있다.

그림 18 디지미 개인정보 플랫폼

이전과는 전혀 다른 방식으로 사용자에 대해 알아보세요

↗ 출처: 디지미 웹사이트(https://digi.me/)

마이데이터 플랫폼 구성 요소

데이터 제공에 대한 대가를 보상받기 위해서는 자신의 정보를 다른 마이데이터 사업자 또는 데이터 수요기관에 자유롭게 제공하고, 그 데이터가 어떻게 활용되는지도 모니터링하며, 개인정보를 활용하는 다양한 분야의 서비스도 쉽게 연계해야 한다. 이러한 일련의 과정들을 모두 지원하기 위해서는 체계적인 마이데이터 관리 · 유통체계나 플랫폼이 필요하다.

마이데이터 플랫폼을 효과적으로 구축하려면 아래의 여러 요구사항이 충족되도록 설계해야 한다. 즉, 정보 주체인 개인이 여러 기관과 시스템에 흩어져 있는 자신의 개인정보를 보다 적극적으로 수집할 수 있는 동인을 제공하거나 더욱 능동적으로 관리할 수 있도록 설계해야 한다. 이제 개인은 단순한 정보 제공자가 아니라, 자신의 정보를 적극적으로 활용하는 서프슈머이기 때문이다.

마이데이터 플랫폼의 구성요소로는 ① 개인정보 위임 · 열람 · 수집 · 활용 · 제공 동의 절차, ② 마이데이터 선별공유 · 다운로드 · 데이터 제공 이력, ③ 데이터 수집 · 저장 · 데이터 간 연계 · 융합 절차, ④ 이용자 인증 체계, ⑤ API 게이트웨이 제공 등이 있다.[28]

마이데이터 플랫폼의 구성요소 다섯 가지를 구체적으로 알아보자.

① 개인정보 위임 · 열람 · 수집 · 활용 · 제공 동의 절차

마이데이터 플랫폼은 이용자에게 데이터 제공기관에 있는 자신의 정보가 마이데이터 플랫폼으로 수집되도록 하거나, 마이데이터 플랫폼에 있는 자신의 정보가 데이터 활용기관이나 활용 서비스에서 사용될 수 있

---

28 김남규 외 (2021), 마이데이터 생태계 구축을 위한 플랫폼 모델 설계, 인터넷정보학회논문지, vol. 22, no. 2. pp 123-131.

도록, 개인정보 위임열람, 수집, 활용, 제공과 관련된 동의 절차를 필수적으로 제공해야 한다.

② 마이데이터 선별공유 · 다운로드 · 데이터 제공 이력

마이데이터 플랫폼 이용자는 자신의 데이터를 제3의 서비스(또는 기관)에 공유할 수 있어야 한다. 본인 정보에 대하여 공유할 서비스 또는 기관을 선택하거나 공유할 항목과 기간 등을 직접 지정하는 선별적 공유가 가능해야 하며, 공유할 정보는 기계가 읽을 수 있는 형태의 파일로 전송하거나 API를 통해서 제공해야 한다. 선별공유 시에도 공유 기관이나 항목, 그리고 기간 등에 대한 관리가 필수적이며 이러한 이력은 데이터 영수증 형태로 제공되어야 한다.

③ 데이터 수집 · 저장 · 데이터 간 연계 · 융합 절차

마이데이터 플랫폼에서는 이용자 본인 동의에 기반하여 외부 기관이나 서비스 등의 데이터 제공기관으로부터 이용자의 개인정보를 전송받아 플랫폼에 저장할 수 있다. 수집되는 정보는 금융, 건강, 보건, 교통 등 다양한 분야의 개인정보이며, 항목의 형식이나 표현의 형태들이 상이할 수 있어 이에 대한 표준화 절차가 필요하다.

④ 이용자 인증 체계

마이데이터 플랫폼에서는 데이터 제공기관에 있는 개인정보를 수집하거나 활용기관 또는 활용 서비스에 정보를 제공해야 하는데, 플랫폼 이용자에 대한 신원확인과 자격 증명을 통해 본인 외의 정보에는 수집 및 제공할 수 없도록 통제적인 정보 접근체계를 구축해야 한다.

⑤ API 게이트웨이 제공

마이데이터 플랫폼에서의 API 게이트웨이는 데이터 활용을 위한 핵심 기능으로서, 활용 서비스 또는 활용 기관에서는 API를 통해서만 플랫폼의 데이터를 이용할 수 있으며 API는 API 게이트웨이를 통해서만 접근할 수 있다.

마이데이터 산업 내 주요 이슈들

CHAPTER 5

개인 측면의 주요 이슈

새롭게 부상하는 마이데이터 산업에서 데이터에 대한 '개인의 통제권'과 '개인정보 보호 및 활용'이 개인 측면의 주요 이슈로 대두되고 있다.

데이터에 대한 개인의 통제권

데이터 경제 활성화에 있어 데이터에 대한 개인의 '통제권' 강화와 '개인정보보호'는 매우 중요한 요소이다. 데이터 경제 활성화를 위해서는 데이터 수집 거래 활용이 활발해져야 한다. 개인이 자신의 데이터에 대한 통제권을 얻고 데이터 개방에 대한 보상을 받게 되면 더욱 적극적으로 데이터를 개방하고 활용하는 동인으로 작용할 수 있을 것이다.

개인이 자신의 모든 데이터를 마이데이터 사업자에게 집중하도록 하고 본인의 데이터에 대한 사업자 간의 교환 및 재사용을 허락함으로써, 자유롭게 본인에게 적합한 서비스를 선택할 수 있게 된다. 이로써 사업자 간 경쟁을 촉진하고 새로운 서비스와 혁신의 출현을 가능하게 할 수 있다.

관건은 개인의 온전한 데이터가 수집되어야 하고, 그 데이터 통제 개인의 신뢰가 확보될 때 데이터 유통 활성화와 데이터 산업 발전이 가능하다는 점이다.

EU 집행위원회는 2020년 2월 발표한 '데이터 전략' 보고서에서 데이터 경제의 잠재력을 저감 시키는 요인으로, 개인이 데이터에 대한 자신의 권리를 충분히 행사하지 못하고 있는 점을 들었다.

데이터 소유권 논의

명확하게 정의된 사유재산권은 자원 배분에 효율적이다. 재산권을 보호하지 못할 경우, 시장실패가 발생할 수 있다는 견해와 데이터 거래 유통 활성화를 위하여 데이터에 대한 소유권을 인정할 것인지에 대한 논의가 이어지고 있다. 만약 데이터에 대한 소유권이 인정된다면 거래 관계를 명확히 할 수 있고, 정보 주체에 대한 이익 환원과 기업의 데이터 거래가 쉽게 이루어질 수도 있을 것으로 보인다.

개인정보 이동권(전송 요구권)

개인정보 이동권(전송 요구권)은 정보 주체가 본인의 데이터에 대한 전송을 요청하면, 개인정보처리자가 해당 데이터를 개인(요청자) 또는 개인이 지정한 제삼자에게 전송하는 정보 주체의 권리를 말한다. 이를 통해 정보 주체가 더욱 능동적으로 자신의 데이터를 관리할 수 있다.

개인정보 이동권이 우리나라에서는 「신용정보의 이용 및 보호에 관한 법률」의 전송 요구권으로 도입되었으며 마이데이터 산업은 정보 주체의 개인정보 열람권, 동의 또는 개인정보 이동권(전송 요구권)에 법적 근거를 두고 있다.

「신용정보법」 제33조의 2(개인신용정보의 전송 요구)는 개인인 신용정보 주체가 신용정보 제공, 이용자 등에 대하여 본인에 관한 개인신용정보를 본인, 신용정보 관리회사, 개인신용평가회사 등에 전송하라고 요구할 수 있는 권리를 규정하였다.

따라서 개인정보 이동권을 개인신용 정보뿐 아니라 일반적인 개인정보로까지 확대할지가 쟁점이 되고 있다. 이를 긍정하는 측에서는, 데이터의 이동성을 높이면 정보 주체가 특정 사업자의 서비스에 종속되는 현상에서 벗어날 수 있고, 소비자 선택권 등의 권리가 강화될 뿐만 아니라 서비스 제공자 간의 경쟁이 촉진될 수 있다고 주장한다. 부정하는 측에서는, 기계 판독이 가능하게 하는 기술은 여전히 어려운 단계에 있어 중소기업에 악영향을 미칠 수 있으며, 오히려 글로벌 인터넷 기업으로의 쏠림 현상이 강화될 수 있고, 보안 위협이 발생할 수 있다는 의견이다.

우리나라 마이데이터 사업의 경우, 정보 주체인 개인이 서비스 이용을 위해 수동적으로 약관에 동의하고 정보 이동 후에는 자신의 정보가 어떻게 사용되고 있는지 알 수 없는 등 정보의 주체로서 역할을 할 수 없게 될 우려가 매우 크다.

유럽(EU)의 개인정보 이동권

EU GDPR(유럽 개인정보보호법)에서는 개인정보 이동권을 명문화하고 있으며, 정보 주체의 통제권을 보다 강화하는 논의가 진행 중이다. 「GDPR」 제20조(개인정보 이동권, Right to data portability)는 정보 주체가 개인정보 처리자(컨트롤러)에게 제공한 개인정보에 대하여, 체계화되고 일반적으로 사용되며 기계 판독이 가능한 형식으로 받을 권리 그리고 기술적으로 가능한 경우 그 정보를 다른 컨트롤러에 직접 이전할 것을 요구할 수 있는 권리를 규정하고 있다.

EU 집행위원회는 데이터 전략보고서에서 현행 개인정보 이동권이 강화되어야 한다고 주장한다. 사물인터넷 등에서 지속해서 발생하는 데이터에 대한 개인의 통제권을 강화 하고, 개인데이터 저장소(Personal data spaces) 등을 제공하는 사업자가 중립적 중개인(Neutral broker) 역할을 가지는 규정을 고려한다고 밝히고 있다.

일본의 개인정보 이동권

일본은 개인정보 이동권을 명문화하고 있지는 않지만, 정부와 민간이 보유하고 있는 데이터를 공동 활용할 수 있는 법적 기반을 2016년 12월 시행한 「관민데이터 활용 추진 기본법」을 통해 마련했다. 해당 법에서는 데이터의 유통·활용 촉진을 위하여 국가가 정보시스템 규격 정비 및 호환성 확보 조치를 하도록 규정하고 있다.

개인정보의 보호와 데이터 활용

데이터 경제 활성화를 위해 데이터의 활발한 유통·거래가 필요하며, 이를 위하여 개인정보 보호와 데이터 활용 간에 균형이 필요하다. 상당수의 가치 있는 데이터는 개인정보를 포함하고 있으므로, 개인정보에 대한 과도한 규제가 있는 경우나 개인정보 보호가 미흡하여 침해 우려가 큰 경우에, 정보 주체가 자신의 데이터를 외부에 제공하지 않아 데이터 유통·활용이 제한 및 위축될 수 있다. 따라서 개인정보에 대하여 과도하고 불합리한 규제가 있다면 정비가 필요하며, 동시에 개인정보에 대한 안전하고 충실한 보호가 병행될 필요가 있다.

기업 측면의 주요 이슈

데이터 산업에서 기업 측면의 주요 이슈로는 '데이터 침해행위 규제'와 '데이터 독과점' 이슈를 들 수 있다.

데이터 침해행위 규제

기업이 상당한 노력을 기울여 구축한 데이터는 보호할 필요가 있다. 현행 법제에서는 기업이 구축한 데이터에 대하여 그 성격에 따라 개별 법률에서 권리보호 수단을 두고 있으나, 법적 요건을 갖추지 못한 데이터에 대해서는 법적 공백이 생길 수 있는 문제도 고려할 수 있다.

데이터 독과점

거대 플랫폼 기업들의 데이터 독점은 시장의 진입장벽으로 작용하거나 소비자 선택권을 제한하는 등 시장경쟁 저해, 소비자 피해로 이어질 우려가 있다.

마이데이터 이슈에 따른 고려사항

마이데이터는 개인데이터의 활용과 관리의 권한이 정보 주체인 개인에게 있음을 강조하고 있다. 개인이 개인데이터의 활용처 및 활용 범위 등에 대해 능동적인 의사결정을 하는 것은 개인데이터 활용체계의 새로운 패러다임이며, 마이데이터 서비스는 마이데이터 개념을 실현하는 개인데이터 기반의 서비스이다. 따라서 사업을 추진 시 고려사항으로 고객에게 서비스를 제공할 때 다음과 같은 개인의 권리를 보장하고 있는지 점검이 필요하다.

개정된 「신용정보법」 제33조의 2에는 본인 신용정보 전송 요구권이 규정되어 있다. 이 내용은 정보 주체인 개인이 신용정보 제공 · 이용자 등을 상대로 자신의 개인신용정보를 본인 또는 제삼자(마이데이터 사업자)에게 전송해 달라고 요구하는 것이다.

마이데이터 사업과 관련해서 정보보안 의무와 보호조치, 이동 대상의 처리 가능한 형태의 데이터 처리 요건은 논란의 대상이다. 전송 요건 중의 API와 관련된 허용범위와 금융상품 추천 등에 대한 이해 상충, 설명 의무 등의 법적 이슈가 발생할 수 있다.

데이터는 결합을 통해 다양한 내용을 포함하여 활용 가능성이 커진다. 하지만 다양한 데이터의 결합은 개인의 식별 가능성이 커지고 예측하지 못한 제3의 정보와 연계될 가능성이 있으므로, 재식별의 위험성을 효과적으로 통제할 수 있는지 고려해야 한다.

데이터 공유의 역차별 문제와 개인정보 유출에 대한 보안 우려 그리고 전송 요구 대상이 되는 데이터의 범위 문제 또한 논란이 되고 있다. 최근 금융업계와 유통업계 간 데이터 제공 범위에 대한 논란이 그 사례가 될 수 있으며, 각 산업계의 비즈니스 전략에 따라 사업자 간의 이해가 대립하고 있는 실정이다.

그리고 아직 법제화되지 않은 보건의료 영역이 금융 분야보다 활용 가치가 높을 것으로 예상되지만, 국민의 데이터 이용과 활용에 대한 합의가 되어있지 않아 마이데이터 사업을 위해 사회적 합의와 함께 법제화가 필요한 시점이다. 특히, 건강보험공단과 심사평가원이 개인의 동의 없는 데이터를 민간에 제공하는 것은 심각한 문제가 될 수 있어 면밀한 검토가 필요하다.

국내 마이데이터 산업에서 나타나는 실무적 문제점

CHAPTER 6

국내 마이데이터 산업에서 나타나는 실무적 문제점들은 다음의 일곱 가지로 정리할 수 있다.

① 금융사의 경우 기존 고객 기반으로 비즈니스를 수행한다. 앞에서 기술한 국내 마이데이터 사업자 중 전통은행의 사례처럼 기존 자사 고객에게만 초점을 맞추고 있다.

② 서비스 제공 범위가 제한적이다. [표 7] 마이데이터 사업자의 업무 범위에서 보았듯이, 마이데이터 사업자별 기존 사업영역 범위 내에서 서비스를 제공하는 데 그치고 있다.

③ 데이터 소유주인 소비자에 대한 데이터 주권 보장(즉, 데이터 통제권)이 형식적이다. 사전 동의라는 절차를 거치지만 소비자는 해당 서비스에 가입하기 위하여 마지못해 동의할 뿐이다.

④ 사전 동의 방식은 소비자의 자기 정보결정권을 온전히 누리지 못하게 한다. 사전 동의로 마이데이터 사업자는 정보 활용에 있어서 매우 자유롭지만, 상대적으로 소비자는 정보결정권을 온전히 누리지 못한다.

⑤ 고객의 데이터를 제삼자에 제공하거나 활용하기만 할 뿐, 정작 고객에 대한 보상이 없다. 마이데이터 사업자가 제삼자에게 정보를 제공할 때 받는 대가를 사전 동의한 소비자와 공유하지 않는다.

⑥ 소비자의 여러 다른 기관의 데이터를 한곳에 수집하는 방식은 대량의 데이터가 탈취될 위험도 매우 크다. 과거 국민카드나 농협 등의 사례처럼, 개인정보 유출 위험이 매우 크며 더 많은 기관의 개인정보까지 탈취되면 사회적으로 큰 파장이 일 것이다.

⑦ 한 고객의 온전한 데이터를 모으기가 쉽지 않다. 위에서 열거한 이유로 인하여 소비자 대다수는 스스로 보호하기 위해 온전한 정보 제공을 꺼리게 된다. 이는 마이데이터 산업의 취지를 무색하게 하는 것이다.

마이데이터 산업 서비스 사업자가 해야 할 주된 역할은 한 개인의 다양한 데이터를 결합·분석하여 최적의 개인 맞춤 서비스(On Demand Service)를 제공하는 것이다. 그러나 현실은 온전한 개인데이터를 얻기가 어려워 마이데이터 산업 발전의 저해는 물론, 소비자로서도 가치 있는 맞춤 서비스를 누리지 못하고 있다. 이는 소비자 스스로 자신의 정보를 제삼자에게 제공할 수 있는 정보, 제공할 수 없는 정보, 경계에 있는 정보 등으로 이미 규정되어 있기 때문이다. 이러한 데이터 경계(Data Boundary)로 인해 소비자들은 전 기관의 데이터를 한 기관에 모으기를 꺼리는 소극적 자세를 갖고, 마이데이터 사업자는 온전한 온디맨드 서비스를 제공하지 못하는 것이 현실이다.

　　따라서 개인의 데이터를 누군가에게 제공하는 방식이 아닌, 정보 주체인 본인이 직접 자신의 데이터를 저장하고 관리하는 새로운 방식의 비즈니스 설계가 필요하다. 또한 이러한 새로운 접근법이 데이터 통제권을 소비자에게 돌려줄 수 있는지, 개인의 온전한 데이터를 바탕으로 효과적인 데이터 활용 및 보상, 그리고 최적화된 온디맨드 서비스를 제공할 수 있는지 살펴보아야 한다.

PART **03**

소비자 중심
데이터 비즈니스

내 정보를 활용한 비즈니스의 중심은
바로 나

1 | 데이터 비즈니스

2 | 마이데이터 비즈니스 모델 유형

3 | 데이터 공개의 소비자 행동에 관한 이론적 고찰

4 | 기업 중심 데이터 비즈니스에서 소비자 중심으로의 변화

5 | 소비자 중심 데이터 수집 방식의 시스템적 이해

6 | 소비자 중심 마이데이터 비즈니스 사례

3부에서는 기업 중심 데이터 비즈니스와 소비자 중심 비즈니스는 어떠한 차이가 있고 데이터 비즈니스 수행에 어떤 영향이 있는지 등을 이론적·실무적 관점에서 생각해 봄으로써, 마이데이터 산업진흥 및 규제를 위한 정책 방향을 모색해 보고자 한다.

마이데이터 비즈니스의 원칙

4차 산업 혁명위원회가 지난 2022년 1월에 재미있는 설문 결과를 제시하였다. '마이데이터'라는 다소 생소할 수 있는 용어에 대해 국민의 35.5%가 들어본 적 있다고 답했고, 35.0%가 어느 정도 알고 있다고 답했으며, 매우 잘 알고 있다고 대답한 응답자는 3.7%에 달했다.[29] 국민의 약 75%가 마이데이터를 알고 있는 셈이다. 또한 약 55%가 서비스 이용 경험이 있는 것으로 나타났으며, 건강·의료, 금융 등 서비스에 대한 확장 가능성에 대해서도 매우 긍정적으로 인식하고 있다는 점을 보여주었다.

많은 사용자는 내 개인정보를 담은 마이데이터가 나에게 어떤 가치를 새롭게 제안할 수 있는지 기대하고 있고, 이런 기대에 부응하듯 실제로 금융·의료·건강 분야에서 다양한 서비스와 제품이 마이데이터를 기반으로 생성 및 제공되고 있다.

여기서 주목할 점은 사용자들이 이렇게 중요하게 여기는 마이데이터를 정작 수집하고 활용하는 주체가 누구이며, 누가 궁극적인 혜택을 받게 되느냐 하는 점이다. 능동적인 정보 주체로서의 개인의 정보관리 의무 등을 강조하는 데 비해, 정작 개인 사용자들이 마이데이터가 가진 부가가치를 제대로 누리지 못하게 된다면, 기울어진 운동장 혹은 주객이 전도된 상황이 아닐 수 없다.

따라서 마이데이터 산업이 더 발전하고 진흥하려면, 정보 주체인 개인이 누리고 받아야 할 혜택과 보상에 대한 명백한 원칙이 바로 서야 할 것

---

29 전자신문, 국민 75% '마이데이터' 인지·55% 서비스 이용, 2022년 1월 19일자, https://www.etnews.com/20220119000218

마이데이터 비즈니스
서프슈머의 탄생

이다. 또한 현재의 기관·기업 중심의 데이터 비즈니스를 소비자·사용자의 입장에서 수행되도록 전환할 필요가 있다. 그렇다면 내 정보를 활용한 마이데이터 산업에서 나는 주인으로서 어떤 권리를 가지며, 마이데이터 사업자는 어떤 체계로 비즈니스를 설계해야 하는 걸까?

CHAPTER 1 데이터 비즈니스

데이터 비즈니스 모델

비즈니스 모델은 기업이 수익 유지를 위해 하는 일련의 활동이다. 곧, 기업이 추구하는 수익을 실현하기 위한 경영 방식으로서의 수익 모델이라고도 할 수 있다. 기업이 가진 비즈니스 모델이 견고하고 합리적이라면, 그렇지 못한 기업보다 더 높은 경쟁우위를 갖게 되고 수익 실현도 체계적이면서도 현실적으로 이룰 수 있다.

성공적인 비즈니스 모델을 구축하거나 개발하려면 대상이 되는 고객에 대한 충분한 조사가 필요하고, 핵심 고객에게 어떤 가치를 제안할 것인지, 어떤 제품이나 서비스를 제공할 것인지, 어떤 방식으로 차별화할 것이며 그 비용이나 협력 파트너는 어떻게 설정할 것인지 등에 관한 계획이 필요하다.

이러한 비즈니스 모델의 전반적인 계획과 목표를 담고 있는 게 바로 [그림 19]에서 보이는 '비즈니스 모델 캔버스'이다. 비즈니스 모델 캔버스의 주요 구성 요소는 1) 고객에게 가치를 제공하는 제품 또는 서비스, 2) 고객과의 관계 형성과 유지 방안, 3) 영업, 판매, 서비스 채널, 4) 목표 고객, 5) 핵심 비즈니스 활동, 6) 핵심 비즈니스 자원, 7) 생산 또는 판매를 위한 협력 파트너, 8) 주요 비용 항목과 원가구조, 9) 유기적인 수익 창출 방안이다. 서로 유기적으로 구성되어 있어야 한다. 비즈니스 모델 캔버스를 통해, 추구하는 사업에 관한 전방위적 핵심 요소들을 파악하고 그 관계성을 바탕으로 이를 갖추기 위한 전략을 수립할 수 있다는 장점이 있어서, 초기 사업 기획이나 새로운 비즈니스 전략 수립 시에 많이 활용하는 기법이다.

그림 19   비즈니스 모델 캔버스

⚐ 출처: 알렉산더 오스터왈더, 『비즈니스 모델의 탄생』

　　그렇다면, 데이터 비즈니스 모델은 어떤 그림을 갖고 있을까? 글로벌 기업 구글(Google)의 비즈니스 모델을 [그림 20]과 같이 그려보면, 다양한 사업영역과 서비스를 보유하고 있는 대기업이라도 명확하고 분명한 정체성을 확인할 수 있다. 다시 말해서, 구글은 인터넷 사용자를 위한 웹 검색, 이메일, 지도 서비스 등을 무료로 제공하고, 개발자에게는 운영체제(OS)와 플랫폼을 제공하며, 기업 고객에게는 지도 API나 클라우드 호스팅과 같은 유료 서비스를 제공하는 기업이라는 점이 잘 나타난다.

그림 20   구글(Google)의 비즈니스 모델 캔버스

Google

Keys Partners	Key Activities	Value Propositions	Customer Relationship	Customer Segments
광고 에이전시	플랫폼 개발 및 유지 R&D	무료 서비스 (웹 검색, 지메일, 지도서비스, 번역 등)	셀프 서비스 결제고객을 위한 고객 지원	인터넷 사용자 광고주
콘텐츠 사이트 (디스플레이 네트워크)	**Key Resources**	구글 애드웨어 OS 및 플랫폼 (안드로이드와 크롬)	**Channels**	개발자
OEM사	구글 알고리즘 데이터 센터 브랜드	결제서비스 (Gsuite, 맵 API, 클라우드 호스팅)	Google.com 영업 채널	기업

Cost Structure	Revenue Streams
데이터센터 유지비용 마케팅 및 홍보 비용 R&D 비용	무료 클릭 당 과금 앱 세일즈와 구독 비율 월간/연간 사용료 또는 사용 수수료

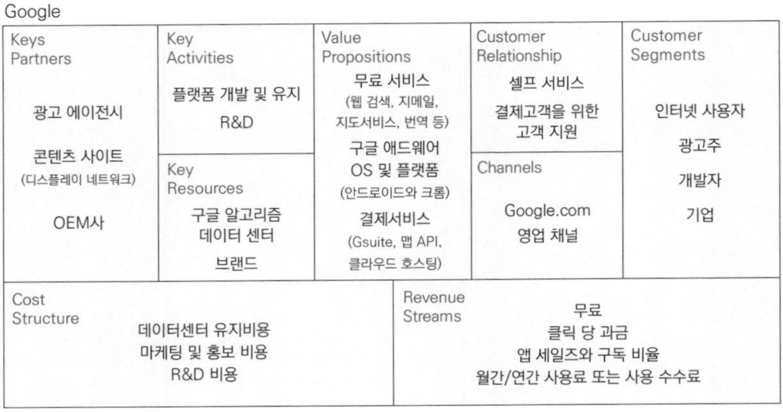

✒ 출처: 알렉산더 오스터왈더, 『비즈니스 모델의 탄생』, 저자 재정리

영상이나 음원, 텍스트 또는 복합적 형태의 데이터를 기반으로 하는
비즈니스 유형들은 넷플릭스나 아마존, 페이스북, 유튜브 등 여러 플랫
폼에서 찾아볼 수 있다. 특히, 넷플릭스는 원할 때 언제든지 영화 · 드라
마 VOD를 시청할 수 있는 Watch on Demand 서비스를 가치로 제안하고
있고, 구독을 통한 수익 실현의 비즈니스 모델을 갖고 있다. 넷플릭스는
사용자의 취향, 시청 기록 등의 데이터를 기반으로 영화나 드라마를 추
천해 주는 서비스를 제공한다. 넷플릭스의 비즈니스 모델 캔버스를 그리
면 [그림 21]과 같다.

그림 21　넷플릭스(Netflix)의 비즈니스 모델 캔버스

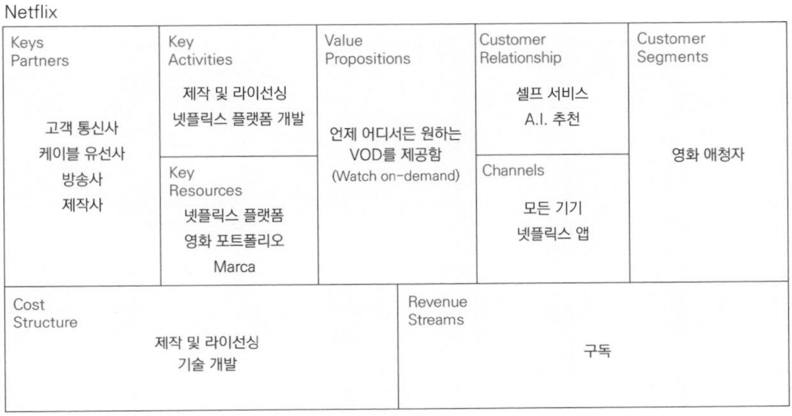

Netflix

Keys Partners	Key Activities	Value Propositions	Customer Relationship	Customer Segments
고객 통신사 케이블 유선사 방송사 제작사	제작 및 라이선싱 넷플릭스 플랫폼 개발	언제 어디서든 원하는 VOD를 제공함 (Watch on-demand)	셀프 서비스 A.I. 추천	영화 애청자
	Key Resources 넷플릭스 플랫폼 영화 포트폴리오 Marca		Channels 모든 기기 넷플릭스 앱	

Cost Structure	Revenue Streams
제작 및 라이선싱 기술 개발	구독

출처: 알렉산더 오스터왈더, 『비즈니스 모델의 탄생』, 저자 재정리

　　Mobility on Demand의 대표 주자인 우버는 교통수단이 필요한 승객과 개인 차량으로 수익을 내고자 하는 자가운전자를 연결하는 플랫폼 서비스를 통해, 승객에게는 안전하고 편안한 이동 서비스를, 자가운전자에게는 수익 실현할 기회를 가치로 제안하고 있다. 또한 사용자의 이동 동선 및 사용 기록을 데이터로 저장하여, 익숙한 자가운전자와 매칭이 되도록 추천 서비스도 제공한다([그림 22] 참조). 이제는 우버 외에 리프트, 볼트, 그랩, 타다 등 여러 모빌리티 플랫폼 서비스가 제공되고 있다.

그림 22　우버(Uber)의 비즈니스 모델 캔버스

Uber

Keys Partners	Key Activities	Value Propositions	Customer Relationship	Customer Segments
결제사 지도 API 제공사	플랫폼 개발 및 고객 지원 마케팅 (승객 및 드라이버 확보)	신뢰성있고 편안한 운송서비스 추가적 수익 창출 기회	셀프 서비스 (리뷰, 별점, 피드백 시스템) 고객 지원	이동수단이 필요한 사용자 자가 운전자 (드라이버)
	Key Resources 브랜드 기술 플랫폼 운전자 네트워크		Channels 우버 앱 우버 웹사이트	

Cost Structure	Revenue Streams
기술 플랫폼 마케팅 종업원	승차 건수 당 수수료

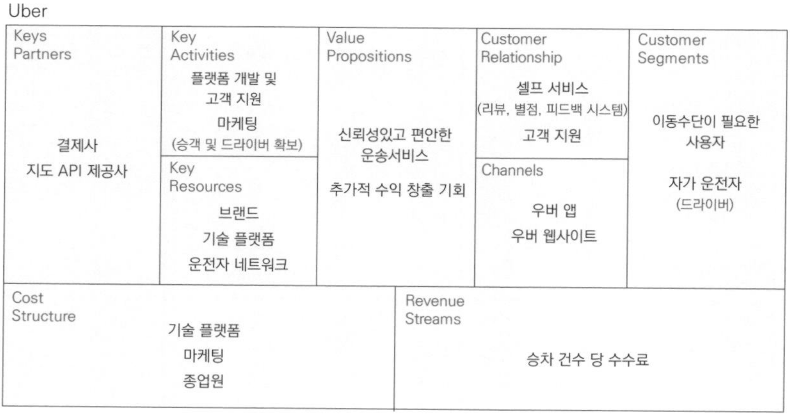

↗ 출처: 알렉산더 오스터왈더, 『비즈니스 모델의 탄생』, 저자 재정리

이렇듯 플랫폼 경제와 구독경제, O2O 서비스 등이 데이터를 기반으로 제공되면서, 이제는 고객이나 구독자, 소비자가 원하는 방식과 시간대에 실시간으로 전달될 수 있는 온디맨드 서비스가 가능해져 고객이 누릴 수 있는 가치는 더욱 높아졌다.

나아가 데이터 비즈니스에서 제안할 수 있는 가치는 무궁무진하다. 디지털 전환이 가속화되고 기존에는 데이터로 저장하지 못했던 것까지 사물인터넷(IoT)과 산업 사물인터넷(IIoT)을 통해 디지털화하게 되면서, 데이터를 기반으로 하는 데이터 경제의 발전이 더욱 빨라지게 되었기 때문이다.

마이데이터 산업의 비즈니스 모델 캔버스를 [그림 23]과 같이 그려보면, 개인정보를 제공하는 정보 주체인 개인 사용자, 제공받은 개인정보를 기반으로 서비스나 제품을 생산하는 마이데이터 활용자로 주요 고객을 크게 나누어 볼 수 있다. 물론 이를 중개하는 마이데이터 사업자도 있지만, 궁극적으로 산업 부가가치는 정보를 제공하는 주체와 이를 활용하는 주체 사이의 상호 작용으로 창출된다.

개인정보의 주체인 사용자는 제공한 마이데이터를 통해 새로운 맞춤형 서비스를 경험할 수 있고 마이데이터 활용자는 마이데이터를 통해 새로운 비즈니스 모델 발굴 및 서비스 개발로 부가가치를 창출할 수 있다. 이는 데이터의 원천에서부터 시작하여 데이터 주권자의 필요를 충족시킬 서비스를 구현한다는 점에서 소비자(사용자) 중심적이고 서비스 지향적인 속성을 지닌다.

그림 23 마이데이터 산업의 비즈니스 모델 캔버스

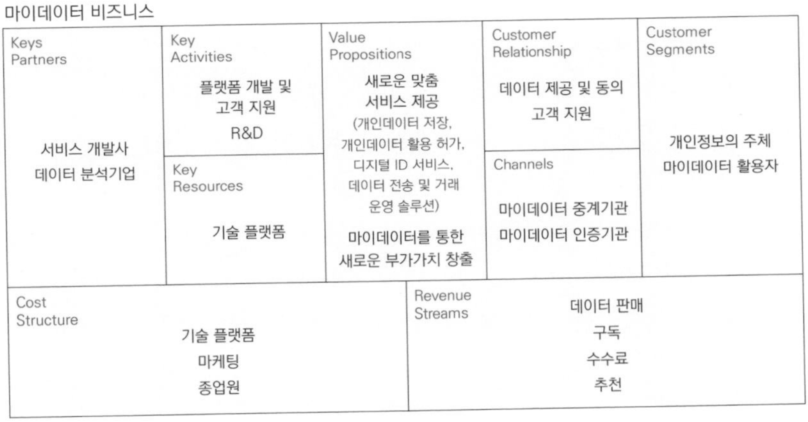

마이데이터 비즈니스

Keys Partners	Key Activities	Value Propositions	Customer Relationship	Customer Segments
서비스 개발사 데이터 분석기업	플랫폼 개발 및 고객 지원 R&D	새로운 맞춤 서비스 제공 (개인데이터 저장, 개인데이터 활용 허가, 디지털 ID 서비스, 데이터 전송 및 거래 운영 솔루션)	데이터 제공 및 동의 고객 지원	개인정보의 주체 마이데이터 활용자
	Key Resources 기술 플랫폼	마이데이터를 통한 새로운 부가가치 창출	**Channels** 마이데이터 중계기관 마이데이터 인증기관	
Cost Structure 기술 플랫폼 마케팅 종업원			**Revenue Streams** 데이터 판매 구독 수수료 추천	

↗ 출처: 알렉산더 오스터왈더, 『비즈니스 모델의 탄생』, 저자 재정리

이제는 공급자 중심에서 소비자 중심으로 소비자 권력이 이동하고, 무형의 서비스는 물론, 유형의 제품까지도 고객 앞으로 빠르게 전달할 수 있는 상황이다. 사용자는 휴대폰이나 PC, 태블릿 등의 다양한 단말기를 사용하여 데이터를 생성하고 자신의 개인정보를 공유하며, 더 나아가 성향, 패턴, 행동 등의 복합 데이터도 끊임없이 만들어 내고 있다.

이러한 시점에서 기업은 사용자의 정보 주체로서의 주권, 자기 정보 결정권, 통제권 등에 관한 이해를 조금 더 분명히 해야 한다. 고객은 언제라도 자신의 개인정보를 삭제할 권리를 가지고 있으며, 제한적으로 동의하고 활용하도록 승인할 권리가 점점 더 강화되기 때문이다.

마이데이터 비즈니스 모델 유형

마이데이터 비즈니스는 각종 기관이나 기업 등에 흩어져 있는 개인데이터를 한곳에 모아 제공함으로써 정보 주체인 개인이 능동적이고 적극적으로 자신의 데이터를 확인하고 관리하며 활용할 수 있는 사업이나 서비스를 의미한다. 마이데이터 비즈니스 모델은 [표 8]과 같이 마이데이터 생성자, 마이데이터 활용 서비스 제공자, 마이데이터 운영자의 측면으로 크게 3가지로 나눌 수 있다.[30]

마이데이터 생성자 측면의 사업영역은 개인 인적 사항 데이터를 생성하는 중앙·지방정부 기관, 교육기관, 금융기업, 유통·제조기업, 더 나아가 개인 진료와 건강정보를 생성하는 의료 및 기관 등이다. 이들은 기존의 기득권을 확보한 행위자라 할 수 있다.

마이데이터 활용 서비스 제공자 측면의 사업영역은 정보 주체인 개인의 동의 및 승인을 얻은 후, 이를 조합·가공·분석하여 다양한 정보 서비스를 제공하는 비즈니스 수행자이다. 현재 마이데이터 사업자로 등록하여 다양한 실증사업을 수행하고 있으며, 향후 마이데이터 산업이 활성화되면 금융·의료를 넘어 보다 광범위한 분야에서 다양한 활용 서비스가 제공될 것이다.

양경란 외(2021) 연구자들은 마이데이터 운영자 측면의 사업영역을 더 세분화하여 마이데이터 저장소(Storage) 서비스, 마이데이터 허가(Approval) 서비스, 마이데이터 거버넌스(Governance)와 서비스 솔루션, 디지털 ID 서비스, 마이데이터 전송(Transfer) 서비스, 마이데이터 거래(Trade) 서비스, 마이데이터 운영 솔루션(Operating Solution)으로 구분하였다.

이렇게 마이데이터 사업 모델은 생성자, 활용자, 운영자의 영역에서 지

---

30 양경란, 박수경, 이봉규(2021), 마이데이터 비즈니스 생태계 모델 연구, 디지털융복합연구, 제19권, 제11호.

금보다 더 세분화될 가능성이 크다. 마이데이터 사업이 고도화되어 산업화가 촉진되면 마찬가지로 부가가치도 커질 것이고, 관련 전후방 산업에도 긍정적인 영향을 미치게 될 것이다. 하지만 비즈니스 영역이나 유형에만 집중하면 마이데이터는 진정 누구의 것인가 하는 점이 쉽게 간과된다. 그러므로 이러한 비즈니스의 출발점이자 데이터의 정보 주권자인 개인에게 어떠한 혜택과 권리가 있는지 등에 관한 논의가 필요하다.

표 8 마이데이터 비즈니스 모델 유형

구분		주요 내용	사례
마이데이터 생성자		마이데이터를 생성하는 기업이나 기관	중앙 · 지방정부 금융 · 의료 기관 등
마이데이터 활용자		정보 주체인 개인의 동의 및 승인을 받고 조합 · 가공 · 분석을 통해 다양한 정보서비스를 제공하는 사업자	금융, 의료, 헬스, 핀테크 기업
마이데이터 운영자	저장소 서비스	정보보호 및 보안 기술이 적용된 클라우드 기반의 개인데이터 저장소 제공	Cozy cloud, Data Yogi Prifina
	허가 서비스	개인정보에 접근하는 웹사이트나 앱서비스에 대해 허가나 거부를 할 수 있도록 하고, 보유하고 있는 개인데이터를 어디까지 허용 · 공유할 것인지 개인이 설정하도록 지원하는 서비스	Jumbo, Peercraft, Spartacus
	거버넌스	마이데이터를 다루는 생성 기업이나 활용기업을 지원하는 서비스	TrustArc
	디지털 ID 서비스	디지털 신원 또는 자주적 디지털 신원 서비스	Evernym
	전송 서비스	개인이 데이터 저장소에 보관하고 있는 마이데이터를 개인의 의사결정에 따라 데이터를 사용하고자 하는 기업이나 개인에 전송하도록 지원하는 서비스	Ockto, Digi.me

	거래 서비스	데이터 거래의 대가를 현금이나 마일리지· 쿠폰·가상화폐 등으로 거래할 수 있도록 지원 하는 서비스	Citizen.me, Meta.me, datum
	운영 솔루션	마이데이터를 관리하고 운영하는 다양한 서비 스 기능을 솔루션으로 제공	MyDatashare, Personium

↗ 출처: 양경란 외(2021), 저자 정리

　따라서 데이터 비즈니스를 소비자(사용자) 중심으로 전환하여 수행한
다는 것이 어떤 의미인지, 어떤 유형의 사업이 가능한지, 앞으로 데이터
비즈니스는 어떻게 발전해 나갈지 등에 관한 논의를 시작해 보고자 한다.
우선 마이데이터 산업 내에서 개인정보 보호의 역사와 소비자에 대한 이
해를 분명히 할 필요가 있다.

데이터 공개의 소비자 행동에 관한 이론적 고찰

CHAPTER 3

개인정보보호의 역사

개인정보란 '살아 있는 개인에 관한 정보로서 성명, 주민등록번호 및 영상 등을 통하여 개인을 알아볼 수 있는 정보'를 말한다.[31] 정보 주체의 관점에서 개인정보 보호는 자신에 관한 정보의 생성, 유통, 소멸 등에 주도적으로 관여하는 법적 지위를 보장하는 것으로, 정보 주체 스스로 자신의 정보를 타자에게 언제, 어떻게 알릴 것인지를 스스로 결정할 수 있는 권리를 보장하는 것이다. 이를 개인정보 자기 결정권이라 한다. 개인정보 자기 결정권이란 용어는 1983년 12월 15일 인구조사판결에서 콘라드 헤세(Konrad Hesse) 교수가 처음 사용하면서 일반적 인격권에 포함된 독자적 기본권으로 수용되었다.

개인정보보호 또는 프라이버시는 1890년 「프라이버시에 대한 권리」(Warren&Brandeis, 1890)라는 논문에서 처음 제기되어 미국 중심으로 발전하다가, 1970년대에 유럽 주요국에서 공공 및 민간에 적용되는 개인정보 일반법을 제정하고 개인정보 감독기관을 설립하면서 유럽 주도로 개인정보 보호 분야가 발전하게 되었다. 이러한 유럽 주도의 분위기는 현재까지 계속되어 GDPR로 이어진다.[32]

정부나 국가 주도의 개인정보보호에 관한 논의는 오랫동안 광범위하게 진행됐다. 그러나 소비자 권력의 이동과 데이터 주권의 중요성이 더욱 커지는 현대에 이르러, 소비자 행동 관점의 개인정보보호에 대한 고찰이 필요해 졌다. 기관 중심의 개인정보보호 관련 법적·제도적 장치 마련의

---

31   「개인정보보호법」 제2조 제1항.

32   조상명(2020), 지능정보사회의 개인정보보호에 관한 연구: EU GDPR 법제 도입방안을 중심으로, 동국대학교 대학원 법학과 박사학위논문.

측면과 더불어, 데이터 주권자인 개인의 적극적 자기 정보보호 및 활용에 관한 연구도 필요하다는 의미이다. 그러면 개인정보에 관하여 소비자 행동의 측면에서 이론적으로 살펴보도록 하자.

소비자와 소비자 행동에 대한 이해

트라이슈머, 모디슈머, 프로슈머

이제 고객은 더 이상 기업이 제공하는 가치를 수동적으로 받아들이는 존재가 아니다. 제품이나 서비스에 참여하는 형태별로 소비자 유형을 분류하면 트라이슈머, 모디슈머, 프로슈머로 분류할 수 있다.[33]

트라이슈머는 '시도하다(try)'와 '소비자(consumer)'의 합성어로, 광고 등의 간접정보에 의존하기보다 새로운 서비스나 제품을 직접경험하기를 원하는 체험적 소비자를 지칭한다. 모디슈머는 '수정하다(modify)'와 '소비자(consumer)'의 합성어로, 제조사나 서비스 기업이 제시하는 방식이 아닌, 자신의 취향에 따라 새로운 방식으로 활용하는 소비자를 의미한다. 프로슈머는 '생산하다(produce)'와 '소비자(consumer)'의 합성어로, 기존 소비자와 달리 생산 활동 일부에 직접 참여하는 소비자를 말한다.

4차 산업 혁명시대, 마이데이터 산업에서의 새로운 소비자

서프슈머(Supsumer)

트라이슈머, 모디슈머, 프로슈머처럼 소비자 중심 데이터 비즈니스에서는, 비즈니스의 핵심 자원인 데이터를 생산하는 주체이자 제공하는 고객이라는 의미로 '제공하다(supply)'와 '고객(consumer)'을 합쳐서 서프슈머(Supsumer)를 새롭게 정의할 수 있다.

---

33 김용진, 오직 한사람에게로 온디맨드 비즈니스 혁명, 199p 고객 참여에 따른 유형분류.

서프슈머는 프로슈머처럼 생산에 참여한다는 점에서 유사하나, 인터넷과 SNS로 제품에 대한 의견을 제시함으로써 제품 기능, 디자인, 가격 등에 영향을 미치는 프로슈머에 비해, 서프슈머는 산업의 핵심 소재인 개인정보를 제공하고 기업이 해당 데이터로 수익을 내는 경우 그 수익금 일부를 보상받을 권리를 가진다는 점에서 차이점이 있다. 물론 현재 이런 보상시스템이 법적·제도적으로 정착한 건 아니지만, 향후 마이데이터 산업이 점차 고도화되고 소비자 중심의 마이데이터 비즈니스의 다각화가 진행된다면 다양한 형태의 보상 방식과 체계가 실현될 것으로 기대할 수 있다.

이제 소비자 개인이 자신의 정보를 전체 혹은 제한적으로 제공하거나 정보 공개의 범위를 선택적으로 조절하는 행동에 대한 이해를 위해, 기술 위협 회피이론과 접근-회피 동기 이론, 정보 경계 이론, 개인정보 보호 동기 이론을 통해 이론적 고찰을 하고자 한다.

왜 위험한 기술에 대한 회피행동의 차이가 나타날까?

기술 위협 회피이론(TTAT; Technology Treat Avoidance Theory)

기술 위협 회피이론은 사용자의 IT 위협과 회피행동을 설명하기 위해, 접근-회피 동기 이론(Approach avoidance motivation theory)[34]에 기반을 두고 있다(배재권, 2017; Elliot, 1999).[35] 인간은 환경에 대해 긍정적인 일이 발생할 가능성이 있을 때는 접근 행동을, 부정적인 일에 유발되는 가능성에 대해서는

---

34 Higins(1998)는 조절 초점 이론(Regulatory focus theory)에서 인간은 두 가지 동기에 초점을 맞춘다고 주장했다. 첫 번째는 접근 동기로서 목표를 달성하는 과정에서 이익을 획득하는 것에 초점을 맞추는 것이고, 두 번째는 회피 동기로서 목표를 달성하는 과정에서 발생할 수 있는 손실을 회피하는 데 초점을 맞추는 것이다.

35 배재권(2017). 핀테크(FinTech) 서비스의 정보보안 위협요인과 개인정보보호행위와의 구조적 관계에 관한 연구: 기술위협회피와 건강행동이론 관점에서. 정보시스템연구, 26(3), 313-337. Elliot, A. J., Approach and Avoidance Motivation and Achievement Goal, Education Psychology, Vol. 34, No.1, 1999, pp. 169-189.

회피행동의 양상을 보인다는 것이다(배재권, 2017; Higgins, 1998).

Liang&Xue(2009)는 지능형 지속 위협과 개인정보유출, 바이러스 피해, 지능화된 사이버 범죄 등과 같은 정보화의 역기능에 따른 사용자 회피행동을 설명하기 위해 기술 위협 회피이론을 제시하고 있으며, 외부로부터의 기술 위협에 회피하려는 사용자의 행동이 두 가지의 인식 프로세스를 거쳐 발현된다고 주장했다.

두 가지의 인식 프로세스 중 첫 번째는 '위협 판단(Threat appraisal)'이고 두 번째는 '대처 판단(Coping appraisal)'이다. 위협 판단은 사용자가 기술이 위험하다는 인지를 하고 그 부정적인 영향이 심각하다고 판단하는 위협 지각에 대한 것이고, 이 위협 지각은 대처 판단으로 이어진다. 즉, 사용자들은 효율성 지각, 비용 지각, 자기 효능감과 같은 보호조치를 통해 이 위협에 대처할 수 있다고 인식하게 된다는 것이다.[36]

연구자들에 의하면, 사용자는 스스로 이 위협을 회피할 수 있다고 판단하면 문제-중심적 대처를 하게 되고, 만약 스스로 회피하기 어렵다고 판단하면 감정-중심적 대처를 한다고 하였다. 기술 위협을 객관적으로 줄이기 위해 문제-중심적 대처를 수행하고, 위협을 주관적으로 줄이기 위해서는 감정-중심적 대처를 수행한다는 것이다(박현호 외, 2015).

기술 관련 지식이나 경험이 충분한 사람이라면 기술의 유용성이나 효용성을 고려하여 스스로 이 기술이 나에게 도움이 될지 위협이 될지 따져서 선택을 할 수 있지만, 그렇지 못한 사용자의 경우라면 잘 알지 못하는 새로운 기술의 출현이나 변화는 두려움을 불러일으키거나 회피하고 싶은 대상일 수 있다.

또한 기술에 대한 자신감을 가진 사용자일 경우에는 위협에 대한 합리적이고 객관적인 대처를 하게 되고 기술 위협을 해결할 수 있는 문제로 인식하기 쉬우나, 그렇지 못한 사용자는 위협을 해결하기보다는 감정적이고 주관적인 판단으로 이를 회피하려 할 가능성이 크다.

---

[36] Liang, H. and Xue, Y., Avoidance of information technology threats: a theoretical perspective, MIS Quarterly, Vol. 33 No. 1, pp. 71-90, 2009.

으레 사람들은 내 정보의 공개에 따른 위협이나 위험이 크다는 것을 인지하게 되었을 때, 이를 온전히 보호하거나 제한적으로 공개하게 된다. 특히, 개인정보의 중요성과 위험성을 크게 인식하는 사용자의 경우 정보 공개에 더 소극적일 가능성이 크다. 반면, 내 개인정보가 시스템적으로 잘 보호되고 있고 유출이나 침해의 위협이 닥치더라도 스스로 혹은 믿을 만한 기관에 의해 잘 보호되고 처리될 것이라는 신뢰가 있다면, 큰 걱정을 하지 않게 될 것이다.

위협 판단의 측면에서 개인정보 제공이 위협으로 인식되는 정도의 차이는 사용자마다 다를 수 있고, 대처 판단의 측면에서도 정보 공개의 범위나 활용 제한의 차이가 발생할 수 있다. 따라서 IT 위협에 관한 판단에 이어, 이를 잘 대처할 수 있다는 문제-중심적 대처 판단이 가능한 사용자는 더 적극적이고 능동적인 자기 정보관리를 통해 선택적으로 정보를 공개·활용하는 행동을 보인다.

왜 개인정보를 공개하는 데 사용자마다 차이가 생길까?

정보 경계 이론(Information Boundary Theory)

Stanton&Stam(2002)은 개인적이고 가치 있는 정보를 다른 사람에게 공개되는 걸 통제하고자 하는 판단 과정을 정보 경계 이론으로 설명하였다. 개인은 자신의 정신적 혹은 가상의 정보 공간을 경계로 설정하고, 이 경계를 넘어 자신의 정보를 요구받으면, 이에 대해 불편함을 느끼거나 침해라고 인지한다는 것이다. 침해에 관한 판단이나 인지는 개인정보를 제공했을 때 위험하다고 느끼거나, 아니면 정보 제공이 가치 있다고 기대하는 정도에 따라 판단이 달라질 수 있다.[37]

---

37 Stanton, J. M. and Stam, K. R., Information Technology, Privacy, and Power within Organizations: A View from Boundary Theory and Social Exchange Perspectives, Surveillance & Society, Vol. 1, No. 2, 2002, pp. 152-190.

이러한 판단의 결과는 '경계의 개방' 또는 '경계의 폐쇄'로 나타난다. 개인정보를 제공하는 공적인 공간이 신뢰할 만하거나 개인정보보호 장치나 제도가 잘 되어있다고 인지하게 되면 경계의 개방이 나타나고, 반대로 믿을 만하지 않거나 보호 장치나 제도가 마련되어 있지 않다고 여겨지면 경계의 폐쇄가 나타난다(김종기, 오다운, 2017).[38] 물론 개인적인 특성에 따라 경계는 조정될 수 있다. 여기서 보호 장치나 제도는 자기 보호, 산업 내 보호, 정부 규제 등을 의미한다.

사용자는 개인정보를 제공함으로써 초래되는 잠재적 또는 실질적 위험에 대한 인식이 높거나 내 정보를 스스로 통제하기 어렵다고 판단하면 경계를 폐쇄하게 되고, 프라이버시 침해에 대한 경각심이나 염려가 늘어나게 된다. 따라서 사용자는 스스로 통제할 수 있는 수준의 범위에서 개인정보를 공개하려는 행동이 나타나고, 이는 사용자마다의 성향과 경험 차이, 환경적, 상황적 특성 등에 따라 개인 차이를 보인다.

사용자는 왜 자신의 개인정보를 보호하려 하는가?

개인정보 보호 동기 이론

Rogers(1975)는 개인이 인지하는 위협에 따라 태도의 변화가 나타나고 그 태도가 행동으로 실현되는 과정을 보호 동기 이론으로 설명하였다. 위협에 노출된 개인은 공포를 느끼고 개인의 인지적 평가 과정을 통해 변화된 행동을 보인다.[39]

개인정보에 대한 사회적·제도적 보호 장치가 존재하지 않을 경우, 안전하지 않다는 자각은 자신의 정보를 보호하려는 행동으로 이어진다.

---

38   김종기, 오다운(2017), 전자상거래 이용자의 프라이버시 염려에 관한 연구: 정보경계이론을 중심으로, 정보시스템연구, 제26권, 제2호, pp. 43-62.

39   Rogers, R. W.(1975). A Protection motivation theory of fear appeals and attitude change. The Journal of Psychology, 91, 93-114.

개인정보에 대한 보호를 위해, 개인정보를 삭제하거나 개인정보 활용자에게 정보 공개의 범위를 한정하는 구체적인 보호 행동을 보여준다는 것이다. 사용자에 따라서는 개인정보 유출이나 침해에 대한 염려 등 소극적인 행동으로 나타나거나, 개인정보 활용이나 동의에 대한 저항 등 매우 적극적인 행동도 나타난다.

개인정보 보호와 범위 제한 등에 관한 사용자의 행동을 설명하는 이론들의 공통점은 사용자가 개인정보의 가치와 중요성을 높게 인식하고, 사회적·제도적 보호장치가 불충분하거나 유출 등에 따른 위협을 인지하는 경계를 스스로 설정하고, 보다 적극적으로 보호하려는 행동을 나타낸다는 것이다. 반면에 개인정보보호를 위한 정책, 제도 개선, 기술 개발 등을 통해 위협 요소가 줄어든다면, 개인정보를 제공하려는 의도가 높아진다는 실증연구도 많이 있다(박천웅, 김준우, 2016; 박천웅, 2016).[40]

이를 개념적 연구모델로 표현하면, [그림 24]와 같이 나타낼 수 있다. 사용자는 기술 등에 의한 위협 판단이 일어나면 이에 대해 대처하게 되는데, 긍정적 측면의 이익이 발생할 것으로 판단하면 정보 공개의 행동을, 부정적 측면의 손해가 발생할 것으로 인지하면 자신의 정보 폐쇄의 행동을 하게 된다. 이는 자신의 개인정보를 보호하려는 동기에서 스스로 통제가 가능한 문제 중심의 대처 행동과 통제하기 어려울 때 감정 중심의 대처 행동이 달리 나타나기 때문이다.

---

40 박천웅·김준우(2016), 사물인터넷 시대의 정보 프라이버시 염려에 대한 실증연구, Journal of Digital Convergence, 14(2), 65-72.; 박천웅·김준우·권혁준(2016), 빅데이터 시대의 정보 프라이버시 위험과 정책에 관한 실증 연구, 한국전자거래학회지, 21(1), 131-145.

그림 24 정보보호 소비자 행동의 개념 모델

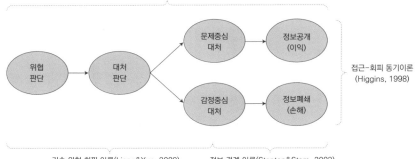

마이데이터 비즈니스
서프슈머의 탄생

기업 중심 데이터 비즈니스에서 소비자 중심으로의 변화

CHAPTER 4

기관·기업 중심 데이터 수집 관행

국내에 출시된 대다수의 데이터 플랫폼은 데이터와 데이터 관리 시스템을 모두 기업이 갖는 방식을 취한다. 마이데이터 사업이 개인의 모든 신용거래 내용을 금융사 각각의 데이터베이스(DB)에 묶어두지 않고 본인 신용정보관리업을 영위하는 마이데이터 사업자에게 전송해 데이터댐을 구축하는 것을 핵심으로 하기 때문이다. 이러한 기업 및 기관 중심으로 정보를 수집하는 방식은 정보 주체인 사용자에게 반드시 개인신용정보 전송 요청과 동의를 받아야 하는데, 이 과정에서 데이터 활용에 대한 사전 동의를 유도하는 게 관행이다. 이로써 기업이나 기관은 고객의 데이터를 매우 자유롭게 활용할 수 있게 된 반면, 소비자는 서비스 이용을 전제로 마지못해 데이터를 제공하거나 동의에 응해야 한다. 필수 동의 항목과 선택 항목의 구분이 있기는 하지만 내 정보가 어떻게 활용될지 염려스러워 전체 데이터를 제공하지 않고 일부만 제공하기도 한다.

이는 데이터 3법 개정 이유가 고객의 정보를 활용한 관련 산업 활성화이기 때문이다. 소비자가 자신의 이익과 유리함에 따라 개인정보에 대한 경계를 세우고, 선택적으로 정보 공개 또는 정보 폐쇄를 하는 행동에 대한 이해 부족과 정보 주체의 정보통제권 보장을 간과한 측면이 있다. 이러한 이유로 본래 기업이 목표하는 고객의 온전한 정보를 수집하지 못해 결국 온전한 온디맨드 서비스를 제공하지 못하는 상황이다. 이를 해결하기 위해 정보 주체의 개인데이터를 소비자 중심으로 수집하는 방식에 대한 인식 전환이 필요한 시기이다.

데이터 관리 주체의 변화

기존의 데이터 관리의 주체는 두말할 것 없이 기업이었다. 기업은 개인뿐만 아니라, 다양한 기업·기관 등을 통해 정보를 수집하고 자체적으로 혹은 클라우드 서버에 데이터를 축적해 왔다. 기업은 제한적으로 축적한 데이터를 분석하여 새로운 제품이나 서비스, 전략 수립에 활용해왔으나, 제한된 데이터라는 한계로 인해 온 디맨드 서비스를 제공하기에는 부족한 면이 있었다.

그러나 마이데이터 산업이 본격화되면서 패러다임이 변했다. [그림 25]에서 보여주듯이, 이제 데이터 관리주체는 기업에서 개인으로 변화되고 점차 개인 스스로 자신의 정보를 관리하는 것에 대한 중요성이 커지고 있다. 개인은 다양한 기업에 흩어져 있는 자신의 정보를 개인인증을 통해 수집하고 자신이 원하는 데이터 중계자(기업, 기관, 플랫폼 등)에 개인정보를 보다 적극적으로 제공함으로써, 더 높은 가치와 보상을 받을 수 있게 되었다.

그림 25   데이터 관리 주체의 변화

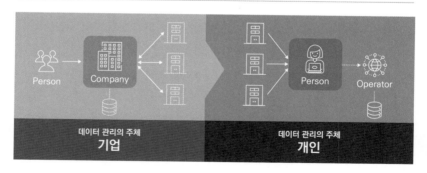

↗ 출처: 저자 정리

자기 정보결정권(개인 정보통제권)

개인정보의 정보 주체는 분명 개인이지만, 이 개인정보를 공유 받은 기업이 주로 개인정보를 활용하는 게 일반적이다. 하지만 마이데이터 산업을 통해, 개인정보를 소비자 본인이 쉽게 이해하고 활용할 수 있게 되었고, 이 마이데이터의 핵심이 곧 자기 정보결정권이다. 자기 정보결정권은 개인이 언제든 자신의 개인정보에 접근하거나 이를 제삼자에게 이동 및 활용하도록 동의할 수 있는 권리이고, 개인이 원할 때 기업이나 기관은 안전하고 쉽게 개인정보를 제공해야 할 의무가 있으며, 앞으로 개인정보를 사용하고자 하는 기관은 필요할 때마다 개인에게 동의를 받아야 한다. 또한 자신의 데이터가 어떻게 사용되는지 투명하게 확인할 수 있어야 하고 개인의 요청에 따라 기관은 보유하고 있는 개인데이터를 바로 삭제해야만 한다.

이처럼 개인을 자신의 정보 주체로 명확히 함으로써 개인정보 보호는 물론, 데이터 산업은 투명하고도 건강한 생태계를 구축할 수 있게 되었다. 금융, 증권, 보험, 의료, 헬스, 교육 등 서비스 산업은 사용자의 동의를 기반으로 데이터를 보관하고, 이를 이동·활용함으로써 사용자에게 더 나은 맞춤형 서비스를 제공할 발판이 마련되었다.

소비자 중심의 데이터 수집과 저장, 활용

소비자 중심으로 데이터를 수집하기 위해서는 소비자가 사용하는 스마트폰 저장소를 사용하는 방법과 개인용 클라우드 저장소를 사용하는 방법이 있다. 개인 휴대폰에 저장하는 방식은 정보 주체의 자기 정보관리와 통제에 가장 잘 부합하기는 하나, 휴대폰 분실이나 해킹, 악의적 사용 등에 의한 위협에 쉽게 노출될 위험이 있고, 개인용 클라우드 저장소를 이용하는 방식은 가장 안전한 방식이기는 하나, 정해진 양의 데이터 공간을 다 사용했을 때 저장이 불가하거나 저장 공간을 유료로 더 확보

해야 하는 불편함이 따를 수 있다.

어떤 방법을 이용하든 정보 주체가 직접 데이터를 본인의 스마트폰 또는 클라우드 저장소에 저장하고 분석하는 툴을 개발하는 게 쉽지 않아, 보통 기업이 이러한 관리 시스템을 제공하는 것이 일반적이다. 이렇게 개인정보를 자신의 스마트폰을 통해 저장·분석·활용이 수월하도록 하는 서비스가 제공되고, 사용자 스스로 개인의 정보를 주도적으로 관리하며, 이를 마이데이터 사업자에게 선택적으로 제공할 수 있는 기반이 마련된다면, 사용자의 마이데이터 가치는 더욱 높아질 수밖에 없다. 또한 이 과정에서 발생할 수 있는 위험이나 위협 요소들이 법적·제도적·정책적 보호장치로 줄여질 수 있다는 신뢰가 구축된다면 더욱 안심하고 양질의 서비스를 활용할 수 있다. 정보 주체가 본인의 스마트폰(또는 PDS)에만 마이데이터를 저장하는 것에서부터 소비자 중심의 데이터 비즈니스가 시작되는 것이다.

CHAPTER 5

소비자 중심 데이터 수집 방식의 시스템적 이해

스마트폰에 개인정보를 저장 하는 방식

아래 [그림 26]은 마이데이터 수집 프로세스를 도식화한 것이다. 정보 주체가 본인의 스마트폰에 설치된 마이데이터 앱을 통해 본인의 데이터 수집을 요청한다. 데이터 수집 중개업자는 정보 주체가 요청한 내용을 토대로 해당 데이터 보유기관에 데이터 이동 요청을 한다. 데이터 이동 요청을 받은 데이터 보유기관은 API 형태로 데이터를 이동한다. 기업 중심 데이터 수집의 경우, 이렇게 받은 데이터를 해당 기업이 보관하지만, 소비자 중심 데이터 수집의 경우, 이렇게 전송받은 데이터를 정보 주체의 스마트폰에 저장한다. 이를 '정보 주체별 분산 저장 시스템(MSA: Micro Server Architecture)'으로 정의한다.

그림 26 마이데이터 수집 프로세스

◁ 출처: 저자 정리

그렇게 본인 스마트폰에 저장된 개인 정보는 어떻게 활용 되며 또 활용에 동의하는 과정은 어떻게 이루어질까?

데이터가 정보 주체별 스마트폰에 저장되면 기업이 마음대로 활용할 수가 없다. 기업이 개인정보를 활용하거나 제삼자에게 개인 정보를 제공하고자 하는 경우에 기업은 정보 주체에게 건별로 동의를 구하고 이에 동의한 정보 주체가 스스로 데이터를 업로드(Upload)해 줘야 한다. 이 경우 통상적으로 보상이 뒤따라야 한다.

현재 마이데이터 사업자는 사용자가 최초로 서비스에 가입 시 수행하는 사전 동의를 통해 개인 정보를 활용 하고 있다. 또한 「정보통신망법」 제30조 2항에 따라, 1년 단위로 개인정보 이용(활용) 내역에 대한 통지를 의무적으로 해야 한다. 지난 1년간 실제 어떤 정보를 수집하고 누구에게 언제, 어떠한 정보를 제공·위탁했는지에 관한 세부 내용을 통지하는 것이다.

따라서, 소비자 중심 데이터 사업자는 개인정보를 활용하고자 할 때마다 건별 동의(CCA: Case by Case Agreement)를 구하고, 정보 주체별로 실시간으로 조회할 수 있도록 동의 이력, 거래 및 활용 내역 등을 조회 서비스로 구성하고, 이를 기한에 맞게 통지하는 것이 바람직하다.

소비자 중심의 마이데이터 시스템 구성 원칙

앞서 이론적으로 고찰한 바를 통해 개인정보나 사생활 보호 관련한 소비자 행동은 자신의 정보를 공개하는 데 기준이 될 만한 경계를 스스로 설정하고 위험을 느끼거나 안전장치가 미흡하다고 판단되면 이를 제한적으로 제공하는 대처 판단과 행동을 하게 된다는 점과, 적절한 보상이 이루어질 경우 개인정보 동의를 더욱 적극적으로 할 의향이 높아진다는 것을 살펴볼 수 있었다. 즉, 개인에 이익이 수반되는 상황이라면 적극적인 정보 제공 및 공개를, 손해가 발생하거나 위협으로 받아들이게 되면 정보를 폐쇄 또는 제한하는 것이다. 이러한 소비자 행동을 이해하는 것이 우선되어야 원활한 소비자 중심 마이데이터 시스템을 구성할 수 있다.

따라서, 소비자 중심으로 마이데이터 비즈니스를 설계하려면 개인정보 동의 및 활용시스템의 안정성과 신뢰도 강화, 보상시스템의 체계화가 중요한 요소가 된다.

개인정보 동의 및 활용시스템의 안정성, 신뢰성 강화

개인의 데이터를 처리하는 프로세스는 데이터 수집 · 저장 · 분석 · 활용 · 폐기로 구분될 수 있다. 기업이나 기관은 사용자의 동의를 얻어 자신의 시스템과 데이터베이스 안에서 이러한 과정을 수행하는 게 일반적이며, 사용자(소비자)는 이러한 데이터 처리 프로세스에 대한 어떠한 관여나 발의를 하기가 어려운 게 현실이다. 그러나 마이데이터 산업이 더 발전하고 마이데이터 사업자의 신뢰성과 안정성이 더 확보되려면, 정보 처리 과정의 비식별화가 완료되는 시점의 처리 결과를 정보 제공 및 동의를 한 정보 주체에게 성실히 통지하는 것이 바람직할 것이다. 또한 되도록 기업의 서버나 데이터베이스에 저장하지 않고, 저장하더라도 일정 기한이 지나면 자동 폐기하도록 해야 할 것이다. 가장 좋은 방법은 개인의 스마트폰 또는 개인용 단말기에 저장하고 필요 시 본인의 적극적 동의 및 전송 행위를 통해 신뢰성을 확보하는 방안이다.

점차 마이데이터 산업이 고도화하면, 개인정보를 저장하고 다른 사업자에 전달하는 모든 권한을 위탁받는 서비스 활용이 활발해질 것으로 전망되며 더욱 신뢰가 구축될 것이다.

개인정보 보상시스템의 체계화

개인정보를 활용하는 마이데이터 사업자는 기존의 데이터 거래나 중개를 통해 창출된 수익을 정보 주체와 나눌 방안에 대해 더 고민해야 한다. 이러한 보상 체계는 사용자가 자신의 정보를 활용한 부가가치 창출에 참여하게 되는 동기로 작용할 수 있고, 무엇보다도 정보 주체의 자기 정보결정권에 관한 중요성 인식이 더 넓게 확산될 수 있기 때문이다.

아래 [그림 27]은 소비자 중심으로 데이터 수집 및 활용, 그리고 보상 시스템의 개념도를 표현한 것이다.

그림 27　소비자 중심 데이터 수집과 활용, 보상시스템 개념도

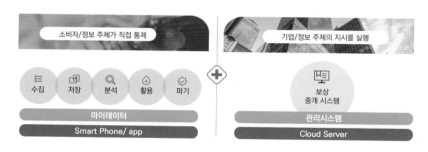

↗ 출처: 저자 정리

비식별화 및 보상

현재의 포괄 동의 제도에서는 소비자에 대한 정보 활용 보상 체계가 불분명하다. 포괄 동의한 개인정보 내에서 어떤 정보가 더 가치 있는지 아닌지를 판단하기 어렵고, 어떤 정보를 활용하여 수익을 창출했는지 등이 확실하지 않기 때문이다.

이런 의미에서 소비자 중심의 데이터 수집·저장·활용의 모든 과정이 투명해야 하고, 비식별화, 즉 가명 처리, 익명 처리가 되기 전까지의 모든 과정에서 소비자에 대한 보상이 시스템적으로 이루어질 수 있도록

해야 한다. 개인데이터를 수집할 때는 필연적으로 보상이라는 단계를 거쳐야만 마이데이터 사업자가 데이터를 활용할 수 있도록 해야 한다. 이는 소비자에게 충분한 보상이 주어지지 않을 경우 언제든지 개인정보 보관이나 활용이 중단될 수 있다는 의미를 내포하기도 한다.

점차 마이데이터 산업이 고도화될수록 본인의 데이터를 전송할 때마다 적절한 보상이 주어질 것이고, 보상 프로세스가 종료되면 궁극적으로 정보 주체가 누구인지 알 수 없도록 비식별화해야 할 것이다. 만약, 어쩔 수 없이 식별화를 해야 할 때는 보상내용이나 범위가 달라질 수 있다.

스마트폰 보안 및 데이터백업

스마트폰은 이제 우리와 우리 삶에 없어서는 안 될 필수 디지털 기기로 자리 잡았다. 스마트폰에는 영화관, TV, 카메라, 은행, 신용카드, 증권, 병원, 팩스, 서점, 지갑, 자동차 키, 신분증 등 우리 생활 주변의 거의 모든 콘텐츠가 들어 있다. 이렇게 중요한 개인 스마트폰을 분실하거나, 악의적 의도에 의해 해킹당하면 개인정보 유출부터 사생활 침해까지 소유주인 개인에게는 심각한 위협이 될 수 있다.

따라서 스마트폰에 중요한 마이데이터를 저장하게 되면 소비자로서는 해킹의 위험이 높아지는 요인이기 때문에 마이데이터 사업자는 데이터 저장과 보안에 대한 조치를 매우 신중하게 하여야 한다.

우선 데이터 저장 시 모든 데이터는 강력한 암호화 조치를 해야 한다. 그리고 필요 시 또는 주기적으로 본인의 스마트폰 클라우드 계정 또는 별도의 개인데이터 저장소(PDS)에 백업할 수 있어야 한다. 요즘은 악성 앱을 통해 해킹하는 사례도 늘고 있어 소비자도 검증되지 않은 앱의 설치를 주의해야 한다.

그렇다면 일반적인 스마트폰 해킹 증상에 대해서 알아보자. 해킹 앱이 설치되면 일반적으로 백그라운드에서 실행이 되어 평소보다 데이터 전송

량이 많거나 배터리 발열이 증가하는 현상이 나타난다. 스마트폰을 사용하고 있지 않음에도 기기 자체로 혼자 이상한 작동을 하거나 이상한 메시지가 반복되고 있으면 해킹 앱을 의심해 봐야 한다. 또한 통화 중에 잡음이 섞이거나 통화 품질이 급격히 나빠져 잘 들리지 않는 경우도 마찬가지다.

이러한 스마트폰 해킹을 방지하기 위하여 [그림 28]과 같이, 삼성과 애플 등의 스마트폰 제조사에서도 보안 강화 등을 통해 자체적으로 노력하고 있다. 삼성전자는 갤럭시 S21 모델부터 시범적으로 '수리모드'를 추가하고 S22 모델부터 공식적으로 적용하여 휴대전화 수리 등을 진행할 때 개인정보 등의 데이터를 원천적으로 보호할 수 있도록 하고 있다. 애플은 2022년 가을 iOS16, 아이패드 OS16, 맥OS 벤추라 등 출시와 함께 해킹을 차단하는 새로운 보안기능인 '락다운 모드(lock down)'를 7월 6일 공개했다. 락다운 모드는 스파이웨어를 감지하면 정보가 노출되지 않도록 아이폰의 여러 기능을 강제로 종료한다. 과거 아이폰은 폐쇄적 시스템으로 보안성이 높다고 알려졌으나, 이스라엘 NSO 그룹의 지원을 받는 이탈리아 해킹 조직 RCS labs이 만든 스파이웨어에 감염되는 등 여러 사건에 휘말린 바 있다.

물론 기술적 보안도 중요하지만, 가장 중요한 점은 소비자 스스로 주의를 더 기울여야 한다는 점이다. 기본적으로 스마트폰 보안 잠금을 설정하고, 공공장소에서의 충전을 자제하며 알 수 없는 블루투스 연결 및 출처를 알 수 없는 앱 설치에 주의를 기울이는 등의 자구적 노력도 필수적이다.

그림 28　삼성 갤럭시 수리 모드와 아이폰 락다운 모드

출처: 삼성 뉴스룸(https://news.samsung.com/kr/), 전자신문(2022.7.7.자)

소비자 중심 마이데이터 비즈니스 사례

헬스케어 온디맨드(Healthcare on Demand)

Market Statsville Group(MSG)에 의하면 전 세계 온디맨드 헬스케어, 곧 주문형 의료 시장 규모는 2021년 1,532억 달러(환율 1,330원 기준. 약 203조 7,560억 원)에서 2030년 5,517억 달러(약 733조 7,610억 원)로 연평균 성장률 15.3%까지 성장하며 상당한 수익을 올릴 것으로 전망하고 있다.[41]

주문형 의료는 모바일 앱이나 웹을 통해 환자가 실시간 온라인으로 진료나 상담, 처방 등을 받을 수 있는 의료서비스를 말한다. 온디맨드 서비스의 본질적 목표가 사용자가 원하는 시간과 장소에서 모바일 기기 등으로 신속하고 편한 서비스를 받는 것이기 때문에, 환자가 병원을 찾아가지 않고 일상에서 만성질환 관리 등을 위해 원격 모니터링, 원격 화상 진료나 상담 등을 실시간으로 받을 수 있는 헬스케어 온디맨드 서비스의 수요가 점점 늘어날 것으로 예상한다.

모바일 기술의 보편화와 발전뿐만 아니라, 웨어러블 기기, 보조 측정 기기 등의 정교하고 스마트한 연결 기술은 병원과 환자를 언제, 어디서나 손쉽게 연결하고 헬스케어를 온디맨드로 가능하게 한다. 다시 말해, 환자들은 병·의원에 방문하여 대기하는 수고와 비용을 줄이고 자택에서 스스로 검사를 한 후 그 결과를 병원과 주치의에게 온라인으로 전달하고 필요 시 병원에 방문하여 치료받는 합리적인 선택을 할 수 있다.

미국과 같이 민간 주도로 의료서비스를 제공하는 나라에서는 의료 비용에 대한 부담이 크고, 의사와 대면하여 진료나 상담을 받는 것에 많은 시간과 노력이 필요하기 때문에 화상, 전화, 이메일 등을 통한 헬스케어 온디맨드 서비스는 훌륭한 대안이다. 하지만 한국처럼 의료보장 체계가

---

41 Market Statsvile Group(2022), On-Demand Healthcare Market 2022: Industry Size, Regions, Emerging Trends, Growth Insights, Opportunities, and Forecast By 2030. https://www.marketstatsville.com/on-demand-healthcare-market

잘 갖춰져 있고, 등급별 병·의원 체계나 의료인의 수가 많은 나라에서는 헬스케어 온디맨드 서비스의 장점이 상대적으로 적을 수 있다. 그러나 한국도 초고령화 사회로 접어들었으며 가계 소비 지출 중 보건·의료 비중이 점점 늘어 나는 추세이다. 특히 고령자 가구의 구성원들이 응급, 입원, 외래 이용과 처방약 구매 등에 쓴 보건의료서비스 지출 비중은 2018년 기준으로 소득의 85%에 달했다.[42]

헬스케어 온디맨드 서비스의 장점에도 불구하고, 데이터 보안 및 개인정보보호에 대한 우려는 여전히 남아 있다. 인터넷을 통한 오디오-비디오 기반 원격 환자 모니터링은 환자의 건강과 관련한 민감 정보를 포함하고 있고, 환자의 활력 징후를 모니터링하는 과정에서 추적 및 감시, 데이터 탈취 등의 악의적 위협을 완전히 해소하기가 어렵기 때문이다. 따라서 온전한 헬스케어 온디맨드 서비스를 제공하려면 완벽한 보안 기술의 완비와 개인정보 침해에 따른 법제적 안전장치, 그리고 철저한 정보보호 노력이 필요하다. 아래 [그림 29]는 미국 내에서 원격의료 서비스를 제공하는 기업들이다.

그림 29 다양한 원격의료 기업(미국)

Growing Telehealth Options – On-Demand Medicine

◁ 출처: HealthPopuli(https://www.healthpopuli.com/)

42　의약뉴스, 고령자 가구 보건의료 지출, 이전보다 증가, 2022년 5월 6일자.

국내 사례

체크업 플러스[43]

국내 최초의 헬스 데이터 비즈니스 플랫폼인 체크업 플러스는 개인의 헬스 관련 데이터를 본인의 스마트폰에 저장하는 것을 핵심 서비스로 제공한다. 스마트폰에 저장하는 헬스 데이터의 종류는 병원에서 수집되는 건강검진 결과와 해당 앱에 연동된 각종 스마트기기(스마트 체중계, 스마트 혈압계, 스마트 혈당 측정기, 스마트 체온계 등)를 통해서 자동 입력되는 개인 건강정보 그리고 운동, 음주 등 생활 습관 정보이다.

이렇게 수집된 헬스 데이터를 중심으로 헬스 데이터 수요기관에 데이터 판매 등의 유통이나 개인화된 질병 예측 서비스가 가능하다. 데이터 유통은 철저하게 각 개인이 직접 본인의 데이터를 전송하며, 전송 시 데이터는 비식별화된다. 물론 데이터 전송 시 데이터 제공에 따른 보상이 주어지는 것은 당연하다. 이와 같은 시스템 안에서 데이터를 제공하는 고객은 앞에서 언급했던 고객의 참여 형태에 따른 분류 중 서프슈머인 것이다.

개인의 헬스 데이터를 고객의 스마트폰에 저장·분석·활용하는 시스템은 회사의 서버에 있고 데이터는 고객의 스마트폰에만 존재한다. 이러한 내용을 그림으로 표현하면 아래 [그림 30]과 같다.

그림 30   체크업 플러스의 소비자 중심 데이터 비즈니스 모델

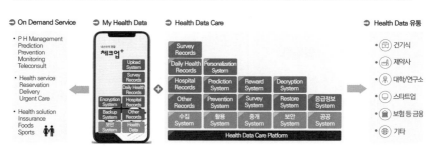

⟋ 출처: 마이체크업, 저자 정리

---

43   체크업 플러스 웹사이트(https://www.mycheckup.co.kr/solution/checkup-plus).

마이데이터 비즈니스
서프슈머의 탄생

체크업 플러스의 비즈니스 시작은 헬스 데이터의 스마트폰 저장에 있다. 체크업 플러스는 제휴병원 데이터를 받고 개인이 제출하는 본인 인증 수단을 통해서 국민건강보험공단의 데이터를 스마트폰에 저장한다.

개인의 헬스 정보가 필요한 수요기업이 체크업 플러스에 데이터를 요청하면 체크업 플러스는 해당 요청 정보를 각 개인에게 푸시(PUSH) 알림으로 제공한다. 각 개인은 해당 알림 정보를 검토해서 데이터를 제공할 것인지 안 할 것인지를 결정하여 제공 여부를 실행한다. 철저하게 개인 스스로 정보 주체로서 자기 정보통제권을 행사하는 것이다. 아래 [그림 31]은 이러한 개인 헬스 데이터 유통 프로세스를 나타낸다. 이러한 이유로 민감정보인 개인 건강정보의 유통이 가능하고 체크업 플러스는 민간기업 최초로 개인의 헬스 정보 유통을 중개하고 있다.

이렇게 개인정보를 개인 본인의 스마트폰에 저장해주고 해당데이터 유통을 중개하는 사업자는 국내법이나 제도에 규정 되어 있지는 않다. 하지만 소비자의 데이터 통제권 논란이 계속 되고 있어 앞으로도 체크업 플러스와 유사한 서비스가 지속적으로 개발될 것으로 예상되기에, 사업자와 소비자 보호를 위해 데이터 중개사업자에 대하여 제도적으로 정립을 할 필요가 있다.

그림 31 개인 헬스 데이터 유통 흐름도

↗ 출처: 마이체크업, 저자 정리

해외 사례

영국의 디지미(digi.me)

2009년 설립된 영국의 PDS 사업자 디지미(Digi.me)는 개인정보 통합 관리와 제삼자 데이터 제공에 특화되어있다. 디지미는 고객 스스로가 여러 곳의 개인데이터를 수집하여, 한곳에 저장·관리할 수 있는 기능을 제공하고, 고객이 허용하는 범위에서 제삼자가 이용할 수 있도록 하였다. 일본의 정보은행과는 달리 데이터 수집·저장·공유의 전 과정을 본인의 선택에 맡기는 개인 직접 통제권을 행사하는 방식이다.

그림 32 카테고리별 개인정보 수집기관 수

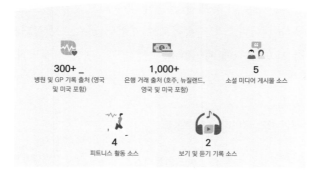

Digi.me Connect를 사용하면 고객의 많은 개인 정보에 대한 액세스를 요청할 수 있습니다.

그리고 개인 정보의 출처, 유형 및 범주 목록은 항상 증가하고 있습니다!

300+ _
병원 및 GP 기록 출처 (영국 및 미국 포함)

1,000+
은행 거래 출처 (호주, 뉴질랜드, 영국 및 미국 포함)

5
소셜 미디어 게시물 소스

4
피트니스 활동 소스

2
보기 및 듣기 기록 소스

⬗ 출처: 디지미 웹사이트(https://digi.me/)

개인이 디지미 앱에 본인 데이터를 가져올 사이트의 아이디와 패스워드를 제공하면 디지미는 데이터를 수집 후 암호화하여 회사의 서버가 아닌 개인 소유의 클라우드 계정(Dropbox, Google Drive, Microsoft OneDrive)에 각자 저장하고 개인에게 수집 현황을 확인할 수 있는 화면을 제공한다. 디지미가 수집하는 데이터의 종류는 [표 9]와 같다.

표 9 디지미의 수집 데이터

구분	주요 내용
소셜 활동	• 페이스북, 인스타그램, 트위터, 핀터레스트 및 Flickr • 게시물, 댓글, 반응, 미디어 등
의료	• CDA, HL7 FHIR, BlueButton, EMIS, Epic, Cerner 및 NHS를 포함한 1,000개 의료관련 기관과 연계(영국, 아이슬란드, 미국) • 알레르기, 건강상태, 예방접종기록, 처방전 및 약물 등을 표준화
금융	• Barclays, Citi 등 1,000개 금융기관의 거래내역 접근 가능 • 비자, 마스터 카드 등 주요 카드사의 사용 내역
건강과 운동	• Fitbit, Garmin(웨어러블 기기) • 걸음수, 칼로리, 운동 유형 및 지속시간 등의 실시간 데이터 스트림
음악과 엔터테인먼트	• Spotify, 유튜브 • 아티스트, 노래 및 장르기록, 재생목록, 좋아요 표시 기록, 업로드 동영상 등

↗ 출처: 보험연구원, 재인용

개인이 디지미 플랫폼과 제휴된 금융, 건강 등 다양한 서비스 앱 중 원하는 서비스를 선택하고 데이터 제공을 허락하면 디지미가 데이터 이용회사들이 사용하기 용이한 형태로 데이터를 제공한다. 디지미는 핀테크 기업과의 제휴를 통해 1,000여 개 금융기관의 거래 정보를 수집하고 페이스북 활동, 의료, 건강 및 피트니스, 음악 등 다양한 비금융 영역의 정보도 수집할 수 있다.

디지미 제휴 사업자들은 이러한 정보를 바탕으로 개인별 재정 상태 분석 및 관련 상품 추천, 건강관리 정보 제공 등의 서비스를 개발하여 고객에게 제공한다. 또한 고객에게 높은 개인정보보호 수준과 확실한 정보통제권을 줌으로써 신뢰를 형성하고 양질의 데이터를 확보하고 있다.

디지미의 수익 모델은 제휴 서비스 업체들이 데이터를 쉽게 이용할 수 있도록 제공하여, 트랜잭션 발생에 따른 사용료나 연계 앱에서 창출된 수익 일부를 공유받는 형식이다.

디지미의 특징으로는 소비자가 여러 곳의 개인데이터를 수집하여 한곳에 저장·관리할 수 있는 기능을 제공한다는 것이 있다. 이렇게 저장한 데이터를 고객이 허용하는 범위 내에서 제3자가 이용할 수 있도록 데이터셋을 공개한다. 데이터를 공개하여 관련 산업에 제공한다는 면에서는 보건복지부에서 추진하고 있는 마이헬스웨이와 비슷하지만, 데이터 저장을 개인의 PDS에 한다는 점이 다르다. 즉, 데이터의 수집·저장·공유의 전 과정을 본인의 선택에 맡기는 소비자중심 데이터 비즈니스이다.

우리나라 마이데이터 산업도 여러 종류의 마이데이터가 법적으로 수집되어야 하고 중개사업자도 필요한 시점이다.

그림 33　데이터 종류별 수집가능기간 및 수집 종류

은행거래
• 최대 24개월 거래 내역
• 계정 세부 정보 및 잔액
• 보상 카드, 대출, 모기지
* 곧 호주에 제공

호주 | 뉴질랜드 | 대 브리튼 섬 | 미국

의료 기록
영국 GP의 50% 이상이 보장되는
300개 이상의 미국 병원
기록에는 다음이 포함될 수 있습니다.
• 알레르기
• 처방/조제된 약물
• 조우
• 관찰
• 예방 접종
• 진단

잉글랜드 GP 레코드 | 미국 병원 기록

피트니스 활동 및 통계
• 최대 24개월의 일일 통계:
• 걸음 수
• 거리
• 칼로리
• 심박수
• 운동/활동
• 수면
• 오른 층수
* Apple Health는 현재 초대된 사람만 이용할 수 있습니다.

애플 헬스 | 핏빗 | 가민 | 구글 피트니스

소셜 미디어 게시물
• 고객의 게시물
• 고객의 사진
• 좋아요 트윗
• 위치 태그

페이스북 | 페이스북 페이지 | 플리커 | 인스타그램 | 트위터

보기 및 듣기 기록
• 재생목록, 최근에 들은 음악, 아티스트, 앨범

스포티파이 | 유튜브

출처: 디지미 웹사이트(https://digi.me/)

마이데이터 비즈니스
서프슈머의 탄생

결론

소비자 중심 데이터 비즈니스의 가치

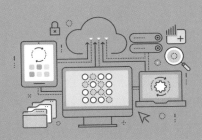

1 | 소비자 중심 데이터 비즈니스 산업 측면의 가치

2 | 소비자 중심 데이터 비즈니스 소비자 측면의 가치

3 | 소비자 중심 데이터 비즈니스 기업 측면의 가치

4 | 소비자 중심의 데이터 비즈니스 활성화를 위한 정책

CHAPTER 1

소비자 중심 데이터 비즈니스 산업 측면의 가치

그럼 소비자 중심으로 설계된 데이터 비즈니스는 해당 산업에서 어떠한 가치가 있는지 알아보자.

첫째, 제품(서비스)의 핵심 소재를 제공하는 소비자인 서프슈머(Supsumer)의 탄생에 기여하는 가치가 있다. 서프슈머는 생산에 참여하는 프로슈머처럼 참여의 측면에서 유사하나, 프로슈머가 인터넷과 SNS로 제품에 대한 의견을 적극적으로 제시함으로써 제품 기능, 디자인, 가격 정책 등에 영향을 미치는 데 비해, 서프슈머는 산업의 핵심 소재인 데이터, 곧 개인정보를 제공하고 기업이 해당 데이터로 수익을 낼 때 그 수익금의 일부를 보상받을 권리를 가진다는 점에서 차이가 있다.

또한 기업의 생산 및 판매 활동에 부수적으로 참여하는 프로슈머나, 단순히 체험을 시도하는 트라이슈머, 자신의 취향에 따라 수정해 사용하는 모디슈머와 달리, 서프슈머는 비록 생산 자체에 직접 참여하는 건 아니지만, 생산을 위한 자원의 관리와 제공, 개인정보를 활용한 더 나은 서비스의 사용(체험), 수익 분배에 더 적극적으로 참여한다는 점에서 데이터 경제의 주요한 능동적 주체로서 의미가 있다.

둘째, 한 개인의 온전한 빅데이터를 수집하기에 용이하여 마이데이터 산업의 진흥과 활성화가 촉진된다. 소비자 중심 데이터 비즈니스의 본질은 서론에서 언급한 바와 같이 정보 주체로서 정보통제권을 개인이 갖는 비즈니스 환경을 조성하고, 이를 위한 시스템과 서비스를 구현함으로써, 소비자·사용자의 가치를 높이는 것이라 할 수 있다. 정보 주체인 개인 스스로 자기 정보의 가치를 인식하고, 자신에게 꼭 필요한 서비스를 온디맨드 형식으로 사용하는 주도성과 능동성을 갖게 되는 것이 바로 소비자 중심 데이터 비즈니스에서 지향해야 할 목표라 할 수 있다. 이처럼 능동적이고 주도적인 사용자로부터 수집된 온전한 빅데이터에서 더 가치 있는 정보가 생성된다. 따라서, 마이데이터 사업자는 온전한 빅데이터를 수집하기 위해 소비자와 더 신뢰성 있는 관계를 구축해야 한다. 소비자도 더 적극적이고 능동적으로 데이터 수집과 활용에 참여(서프슈머)하여 온전한 양질의 데이터가 축적될 때, 비로소 마이데이터 산업의 진흥과 활성화가 촉진된다.

소비자 중심 데이터 비즈니스
소비자 측면의 가치

CHAPTER 2

소비자 중심으로 설계된 데이터 비즈니스는 소비자 측면에서는 다음과 같은 가치가 있다.

첫째, 본인의 민감 정보를 안전하게 보호할 수 있다. 개인의 민감정보를 기업에 제공하면서 우려되는 민감정보의 남용이나 오용, 불법적 활용에 따른 염려를 줄일 수 있다. 개인의 정보는 일차적으로 본인 스스로 관리하고 보호하는 게 원칙이며, 개인데이터 수집·저장 및 활용을 중개하는 중개사업자 또한 소비자의 스마트폰에 데이터를 저장 시 암호화하여 저장하고 해당 데이터에 접근을 시도하는 경우 본인 확인을 하는 등 보안시스템을 강화할 필요가 있다. 이러한 시스템을 활용한 서비스에 대한 가치(보상, 온디맨드 서비스)를 누리고자 하는 소비자는 적극적·능동적 동의를 통해 서비스를 향유할 수 있다. 이때 개인의 민감 정보를 받은 기업은 신의성실의 의무에 따라 고객의 정보를 빠르고 투명하게 가명·익명 처리해야 하고, 이 과정에서 사용자-기업 간 신뢰가 생성된다. 소비자는 이전의 대량 고객 정보 유출, 개인정보 침해 등의 사고에 대한 불안감 없이, 믿을 만한 기업이나 기관을 선택하여 자신의 개인정보를 수집·저장하고 더 고품질의 서비스를 이용할 수 있게 된다.

둘째, 나의 정보를 누군가 활용하고자 요청할 때 선택적으로 정보를 제공할 수 있다. 정보 주체는 사전 동의가 아닌 선택적 동의를 통해, 보다 능동적이고 주도적으로, 정보를 제공할 필요가 있는 경우에만 정보를 제공할 수 있다. 사실 개인정보의 활용에 관한 사전 동의 절차나 내용은 실제로 소비자가 모두 다 이해하고 수행하기에는 복잡하고 어려운 과정이다. 보통은 약관이나 동의 내용에 대한 이해 없이 관행적·습관적으로 동의하는 이들이 많다. 또한 내용을 알고 있더라도 필수 동의 항목을 뛰어넘거나 동의하지 않는 부분에 대해 거부를 하기가 어려운 게 사실이다. 하지만 마이데이터 산업이 활성화되고, 정보 주체가 개인정보를 스스로 관리하는 게 당연한 사회적 분위기·문화가 정착되면, 보다 능동적으로 자신의 정보를 선별적으로 제공할 수 있고, 이를 통해 다양한 서비스를 선택하여 자신의 정보를 골라서 제공할 선택권이 더 넓어질 수 있다. 이제는 공급자 중심의 산업 구조에서 정보 주체인 소비자 중심으로 변화되는 시기가 온 것이다.

셋째, 서프슈머로서 데이터 제공에 따른 공정한 보상을 받을 수 있다. 정보 주체의 자발적 참여에 따라 정보 제공에 따른 공정한 보상을 받을 수 있다. 지금까지 소비자는 그저 단순한 정보 제공자에 지나지 않았다. 소비자에게 가능한 선택지는 마케팅 활용 등에 관한 선택사항을 제외하고 필수 동의 항목을 선택하는 게 전부이며, 이에 대한 보상은 존재하지 않았다. 하지만 데이터 산업의 핵심 자원은 개인데이터와 산업데이터이므로, 이를 제공하는 개인에게 정당하고 공정한 보상 체계가 마련되어야 함이 마땅하다. 정보를 제공하는 개인에 대한 보상이 정당하다고 인정되면, 더 좋고 많은 데이터를 확보하고자 하는 기업은 공정한 가치평가를 통해 개인데이터를 수집하고 가치 있게 활용하는 데 더 집중하게 되고, 소비자는 진정한 의미의 서프슈머의 지위를 갖게 될 것이다.

넷째, 내 정보를 어디에 어떻게 제공했는지 정보 활용 이력을 언제든지 확인할 수 있다. 선택적 동의와 공정한 보상 체계가 확립되면, 내 정보가 어떻게 활용되고 있는지 활용 이력 조회를 통해, 실시간으로 일목요연하게 알 수 있다. 마이데이터 사업자는 개인정보 활용에 관한 모든 프로세스를 투명하게 공개하고 이를 실시간으로 공개함으로써 신뢰를 더 쌓고자 하는 노력에 집중하게 되고, 이로써 데이터 산업의 공정성, 투명성이 확보될 수 있다. 개인정보를 부당하게 활용하는 기업은 결국 산업 내에서 퇴출당하고, 부당한 목적의 기업은 사업을 계속 영위하기가 어려운 기업환경에 놓이게 될 것이다.

다섯째, 정보 주체로서 실질적으로 정보통제권을 행사할 수 있다. 기업이 제공하는 서비스에 가입하기 위하여 필수적으로 거치는 정보 활용에 대한 사전 동의로 인해, 데이터 활용이나 제공 등에서 형식적으로 보장받던 자기정보통제권을 정보 수집부터 활용까지 전 단계에서 실질적으로 행사할 수 있게 된다. 선택적 동의와 마찬가지로, 정보 주체의 주도권이 더 확립되면, 실질적 정보통제권과 데이터 주권이 기업이 아닌 개인에게 환원되는 것이기 때문에, 개인은 자기 정보의 활용 및 교환가치를 따져 나에게 더 도움이 되는 기업이나 서비스를 주도적으로 선택할 수 있고, 이는 경쟁력 있는 데이터 산업 경제를 구축하는 바탕이 될 것이다.

여섯째, 오로지 나만을 위한 온디맨드 서비스를 향유할 수 있다. 소비자 중심의 투명한 데이터 수집 방식이 정착되고, 개인의 온전한 데이터가 결합할수록 딥러닝과 AI를 통해 정보 제공자인 소비자 개인에게 최적화된 맞춤형 온디맨드 서비스를 제공할 수 있다. 데이터 산업의 성장 핵심은 데이터를 활용한 최적의 서비스를 어떻게 빠르고 정확하게 소비자인 개인에게 전달하는가에 있다. 소비자는 이제 많은 정보와 도구를 갖고 자신에게 맞는 제품이나 서비스를 취사 선별할 수 있는 깊은 안목을 가진 주체가 되었다. 소비자 간의 정보 공유는 빠르고 효과적이다. 서비스 품질에 대한 서로의 체험과 평가를 공유하고 어떤 제품이나 서비스가 나에게 적합한지 선별한다. 이제는 소비자에게 최적화된 온디맨드 서비스를 지속해서 제공하지 못하는 기업은 경쟁력을 유지하기 어려운 시대이다. 따라서 소비자는 자신에게 맞는 제품과 서비스를 선택하고, 자신의 니즈에 잘 맞는 서비스, 즉 온디맨드 서비스를 누리면 된다.

소비자 중심 데이터 비즈니스 기업 측면의 가치

CHAPTER 3

마지막으로 소비자 중심으로 설계된 데이터 비즈니스가 기업 측면에서는 어떠한 가치가 있는지 알아 보자.

첫째, 법적 · 제도적 문제에서 자유로울 수 있다. 고객의 스마트폰이나 개인 클라우드 계정에 데이터를 저장함으로써, 데이터 수집부터 활용 · 동의까지 모든 과정을 소비자가 직접 행위를 하고, 사업자는 그 행위를 단순히 중개함에 따라 개인정보 보호 및 활용 등 법적 제도적인 문제에서 벗어날 수 있다. 정보 주체인 개인은 이제 단순한 정보 제공자에서 적극적이고 능동적으로 자기 정보결정권을 직접 행사하는 주체로서, 자신의 개인정보를 저장하고 관리할 수 있다. 마이데이터 사업자는 개인정보를 활용하여 사업을 수행할 때 건별로 정보 주체의 능동적 동의를 구하여 사업을 수행하여야 하며, 이는 정보 주체와 사업자 간 신뢰를 전제하여야 한다. 또한 소비자의 동의를 통해 이전보다 더 자유로운 사업 활동을 전개할 수 있게 된다.

둘째, 대량의 데이터 유출 위험을 감소시킨다. 개인별 분산 저장 시스템의 도입으로 데이터 통합관리에 따른 대량의 고객 데이터 유출이나 침해의 위험이 줄어든다. 개인데이터는 데이터 전송, 이동 등의 이벤트 발생 시에 고객의 개인별 분산 저장 시스템을 통해 실시간 혹은 적시에 수집되어 활용함으로써, 기업은 자체적으로 데이터를 상시 수집하고 저장할 필요가 줄어들고, 그 과정에서 고객 데이터의 대량 유출과 외부 악의적 세력으로부터의 데이터 침해를 염려하지 않아도 되는 장점이 있다. 또한 스마트폰에 저장된 데이터는 다중 보안이 적용되어 해킹의 위험도 매우 줄어든다. 다중보안의 내용에는 우선 스마트폰 자체적으로 제공되는 패턴이나 지문인식 등의 기본 보안 시스템이 포함된다.

삼성의 경우 외부 침입이나 악성프로그램 및 악의적인 위협으로부터 기기를 보호하기 위한 삼성 KNOX를 제공한다. 삼성 KNOX는 그 외에도 보안폴더를 제공하고 있어 삼성 KNOX 보안폴더 기능을 활성화하고 나면, 보안폴더 안에 설치된 앱이나 파일을 이용하기 위해서 사용자가 설정한 암호를 풀어야 한다. 보안 폴더 내 설치된 앱은 보안 폴더 관련 별도의 저장 공간에 데이터를 저장하므로 외부 앱과 데이터를 공유하지 않는다. 또한 스마트폰 수리를 하는 경우에 수리모드를 제공하여 스마트폰에 저장된 개인데이터들을 보호해 주고 있다. 아이폰의 경우에는 삼성의 수리모드와 같은 잠금모드를 지원한다. 일명 '락다운 모드(Lockdown Mode)'다. 이 모드를 적용하면 아이폰의 일부 기능이 잠겨서 해커가 접근하려 해도 기능 이용 자체가 제한되어 접근할 수가 없다.

또한 개인데이터 수집·저장 및 활용을 중개하는 중개사업자도 데이터 저장을 암호화하여 저장하고 데이터 접근 시도 시 본인 확인을 하는 등 시스템 자체에서도 보호하고 있다. 따라서 스마트폰에 저장된 정보를 안전하게 지킬 수 있다.

셋째, 고객충성도를 제고할 수 있다. 자기 정보통제권을 정보 주체인 고객에게 환원함에 따라 데이터 유통을 하기 위해서는 개인에게서 데이터를 제공받을 수밖에 없다. 따라서 데이터를 어디에 어떻게 활용할 것이며 데이터를 제공하는 개인에게는 어떠한 보상이 이루어진다는 구체적인 안내를 통해 데이터를 제공받게 된다. 이때 정보제공에 대한 대가를 수수함에 따라 결국 개인은 정보통제권을 실감하게 되고 이는 고객충성도로 이어지며 기업에 대한 신뢰성이 높아진다. 이렇게 충성도가 높아진 고객들로부터 더 다양하고 많은 개인데이터를 고객의 스마트폰이나 클라우드 계정에서 수집할 수 있다. 정보 주체인 개인은 자신의 데이터나 정보를 바탕으로 더 적극적으로 산업의 중요한 주체로서 활동하게 되고, 이로써 데이터 주권에 대한 보호, 활용에 관한 주체성이 더 높아지게 될 것이다. 또한 신뢰하는 기업을 더 꼼꼼하게 따져 정보를 제공하는 사회적 분위기가 정착되면서, 기업에 대한 신뢰나 충성도가 더 높아지고, 온전한 데이터를 제공하는 문화가 정착될 수 있다. 이는 데이터 산업발전의 기초가 된다.

넷째, 더 많은 정보와 가치 있는 정보를 수집 및 생성할 수 있다. 기관 중심으로 데이터를 수집하는 경우보다 소비자 중심으로 수집할 경우, 앞에서 기술한 이론적 배경으로 인하여 더 많은 정보의 수집뿐만 아니라 다양한 종류의 결합데이터를 생성할 기회가 많아진다. 여러 기관에 흩어져 있던 개인의 정보를 한곳에 모아 결합·분석하는 과정에서 새로운 서비스나 제품이 생성되고 정보 제공자인 개인이 더 높은 가치의 서비스를 누릴 수 있다. 빅데이터는 많으면 많을수록 좋으며, 이를 빠르고 효과적으로 분석해 시각화함으로써, 사업 내 중요한 의사결정에 반영하는 것이 가장 바람직하다. 이를 위한 시스템을 갖추고 소비자의 동의를 구해 온전한 데이터를 구할 수 있는 역량을 갖춘 기업이 경쟁력의 원천을 확보한 것이라고 할 수 있다. 이는 결국 사용자의 선택을 받는 기업일수록 더 많은 부가가치를 창출할 기회가 생긴다는 것을 의미한다.

다섯째, 데이터 유통 중개 사업을 할 수 있다. 데이터 유통에 있어서 소비자와 수요자 간에 중개자로서 역할을 할 수 있으며 관련 데이터 산업발전에 이바지할 수 있다. 데이터 산업은 개인데이터나 산업데이터를 기반으로 성장하는 산업이므로, 데이터의 원활한 유통을 위해 소비자가 적극 참여할 수 있는 기반에서 가치있는 데이터가 축적되고 해당 데이터가 유통 중개자를 통해 활용될 수 있다. 마이데이터 사업자는 이러한 데이터 산업의 중간 매개자로서, 부가가치를 증대하는 임무를 수행하게 된다. 향후 데이터 경제의 고도화가 진척되면 될수록 데이터 유통자의 역할은 더 커지게 될 것이다.

여섯째, 데이터 관리를 위한 비용 절감효과가 있다. 데이터 관리를 위한 보안 솔루션 등의 도입 비용이 현저히 절감된다. 앞서 언급한 것처럼, 기업은 고객의 데이터를 상시 저장하고 있을 필요가 줄어들기 때문에, 이를 위한 보안 시스템 및 클라우드 운영비, 운영관리 인력의 인건비 등의 관리 비용이 절감되는 효과가 있다.

일곱째, 수익이 극대화 된다. 결과적으로 사업자는 양질의 데이터를 기반으로 더 다양하고 고품질의 서비스를 제공함으로써, 수익을 극대화할 수 있다. 온전한 개인데이터는 그 자체로도 활용도가 높지만, 다른 양질의 데이터와의 결합을 통해 새롭게 생성된 융복합 데이터는 데이터 산업뿐 아니라, 전·후방 산업의 부가가치를 창출할 밑거름으로 활용되고, 전체적인 관점에서 국가 경제를 지탱할 자원이 되어 기업과 사용자 모두의 경제적 이익으로 돌아올 것이다.

CHAPTER 4

소비자 중심의 데이터 비즈니스 활성화를 위한 정책

그렇다면 소비자 중심의 데이터 비즈니스를 활성화하기 위해서는 어떠한 정책들이 필요할까?

첫째, 개인 정보 이동권 대상을 본인에게 확대하기 위한 중개 사업자 선정해야 한다. 개인 정보 전송 요구권에 소비자 본인에게로 요청하는 권리가 추가 됨에 따라 개인 정보를 본인의 스마트폰이나 PDS로 저장해 주어야 하나, 현재는 개인이 직접 처리할 수가 없어 중개 사업자가 필요하다. 이 중개사업자 또한 신뢰성·지속성·안전성 등 일정 자격을 갖추고 신고 또는 허가 받은 사업자가 되어야 할 것이다. 또한 데이터 결합 분석, 분석에 의한 코칭 추천도 가능해야 한다.

둘째, 마이데이터 사업자 범위 확대가 필요하다. 마이데이터 산업의 궁극적인 활성화를 위하여 신용정보 분야에 한정된 마이데이터 사업자 인가의 범위를 넓혀야 한다. 온전한 의미의 마이데이터는 비단 금융 분야뿐 아니라, 의료, 건강 헬스, 교육, 엔터테인먼트, 여가 등 인간의 삶 전반에 관련한 모든 산업군에서 생성될 수 있는 개인데이터이기 때문이다.

그리고 무엇보다 중요한 점은 기존의 관행처럼 기업·기관 중심으로 데이터를 수집하고 통합·관리하는 것이 아니라, 소비자가 원하는 서비스를 제공할 수 있는 마이데이터 사업자로 데이터가 이동되도록 소비자 중심 체계의 마이데이터 사업자도 포함하여야 한다. 기관 중심 데이터 수집은 물론, 다양한 산업 분야에서 소비자 중심으로 데이터를 모을 수 있도록 하는 것이 마땅하다. 나아가, 산업별 특성과 특징을 고려하여, 각 분야 마이데이터 사업자가 지켜야 할 각종 준수 사항들을 체계적으로 정립하고, 소비자의 전적인 동의를 얻어 자율적이고 개방적인 형태의 데이터 수집이 이루어지도록 산업을 육성해야 한다. 각종 준수 사항에는 데이터 수집 방식, 데이터 저장 방식, 데이터 활용방식, 동의 절차, 보상 절차, 데이터 활용 내역 제공의 전 과정이 포함된다.

마이데이터 산업 생태계가 더 고도화될수록 절차마다 고유한 기술과 전문성을 갖춘 전문 기업들이 생겨날 것이고, 다른 전·후방 산업 간의 융복합이 촉진되면 마이데이터 산업은 발전하게 될 것이다.

셋째, 데이터 가치 산정 체계가 정립되어야 한다. 데이터를 개인 본인이 관리함에 따라 제대로 활용하기 위해서는 개인 본인이 데이터를 직접 제공하여야 하고 대가를 받아야 한다. 무형자산인 데이터의 가치는 다양한 형태로 표현될 수 있고 또 매우 주관적이므로, 두 가지 이상의 가치 산정 평가 방법을 통해 방법론 선택에 따른 산정 결과의 편차를 최소화할 필요가 있다.

데이터의 가치 산정 목적과 용도, 관점, 고려해야 할 요인에 따라 가치 평가 결과가 달라질 수 있으므로, 적절하고 올바른 가치 산정을 위해 가치 산정의 기준 시점을 지정해야 하고 가치 산정의 목적을 명확히 해야 한다. 그리고 가치 산정 과정에서 사용된 가정과 제한적 조건, 데이터의 정의와 범위, 상황 및 환경 요인들을 충분히 고려해야 한다.

데이터의 가치를 결정하는 영향 요인은 매우 다양하지만, 크게 원가 요인, 수요 요인, 경쟁 요인, 환경 요인의 네 가지로 구분할 수 있다

원가 요인은 데이터를 확보하고 가공하고 판매하기 위해서 시스템을 구축·운영하는 등의 투입 비용과 데이터를 제공받기 위해 데이터 제공자(개인)에게 대가를 지급하는 비용을 의미한다. 투입된 비용이 많을수록 데이터의 가치는 높아진다.

수요 요인은 구매자가 데이터를 구매하려는 의사에 대한 요인으로, 구매자의 상황, 데이터 수요의 긴급성, 구매자의 충성도 및 데이터의 유용성 등이 포함된다.

경쟁 요인에는 데이터 시장 유형(순수 경쟁 시장, 독점 시장, 과점 시장 등) 요인과 경쟁자 요인 등이 있다. 독점 시장의 경우 데이터의 가치가 높게

산정될 가능성이 크다. 경쟁사가 판매하는 데이터의 범위와 구성, 품질에 따라 자사 데이터의 가치가 달라질 수 있다.

환경 요인에는 이자율, 인플레이션, 국내외 경제 상황, 데이터 유통경로, 데이터 거래 환경과 사회적 인식 수준, 정부 정책과 제도(데이터 바우처 등) 등이 있다.

넷째, 보상 체계를 마련해야 한다. 마이데이터 비즈니스의 핵심 소재는 개인의 데이터이다. 따라서 핵심 소재를 구매하여 비즈니스를 영위하는 것은 당연하다. 따라서 일반 소비자 · 사용자로부터 개인데이터를 제공받아 활용하고자 하는 사업자가 데이터를 제공한 개인에게 적절한 보상을 하는 공정한 보상 체계를 마련한다면, 더 많은 양질의 데이터를 확보하는 선순환 구조를 확립할 수 있다. 또한 개인 보상 체계 마련 시 데이터를 제공한 개인에 대한 차별적 보상이나 제공받은 데이터의 오남용에 따른 문제가 발생하지 않도록 개인 보상에 관한 약관을 마련하고 이에 대한 사전 동의를 받는 것이 바람직하다.

참고문헌

국내 논문 및 보고서

금융위원회(2018.7.17.), 금융 분야 마이데이터 산업 도입방안.

금융위원회·한국신용정보원(2021.2), 금융 분야 마이데이터 서비스 가이드라인.

김범준, 이채율(2021), 온라인 플랫폼 기업의 빅데이터 독점에 관한 경쟁법상 쟁점, 법이론실무연구, 9(2), 91-117.

박천웅, 김준우(2016), 사물인터넷 시대의 정보 프라이버시 염려에 대한 실증연구, Journal of Digital Convergence, 14(2), 65-72.

박천웅, 김준우, 권혁준(2016), 빅데이터 시대의 정보 프라이버시 위험과 정책에 관한 실증 연구, 한국전자거래학회지, 21(1), 131-145.

노현주, 연구보고서 권호: 21-04 금융 마이데이터 도입 현황과 시사점.

양경란, 박수경, 이봉규(2021), 마이데이터 비즈니스 생태계 모델 연구, 디지털융복합연구, 제 19권, 제11호.

국내 도서

김용진, 오직 한사람에게로 온디맨드 비즈니스 혁명, 쌤앤파커스, 2020.

김용진, Servicovation; 서비스 중심의 비즈니스 모델 혁신 전략, 율곡출판사, 2015.

앨빈 토플러, 원창엽 역, 제3의 물결, 홍신문화사, 2006.

마이데이터 비즈니스
서프슈머의 탄생

해외 논문 및 보고서

IDC(2022), Korea Big Data and Analytics 2021-2025 Forecast.

Liang, H. and Xue, Y.,(2009). Avoidance of information technology threats: a theoretical perspective, MIS Quarterly, Vol. 33 No. 1, pp. 71-90.

Rogers, R. W. (1975). A Protection motivation theory of fear appeals and attitude change. The Journal of Psychology, 91, 93-114.

Stanton, J. M. and Stam, K. R.,(2002). Information Technology, Privacy, and Power within Organizations: A View from Boundary Theory and Social Exchange Perspectives, Surveillance & Society, Vol. 1, No. 2, pp. 152-190.

국내 사이트 및 기사

국가법령정보센터, https://www.law.go.kr/

뉴데일리 경제, 데이터법 시행 초읽기... '개인정보 · 소유권' 논란 여전, 2022년 3월 22일자.

마이데이터 종합 포털, www.mydatacenter.or.kr

전자신문, 국민 75% '마이데이터' 인지 · 55% 서비스 이용, 2022년 1월 19일자.

한국데이터산업진흥원, DATA ON-AIR, 데이터 사이언스 캔버스 활용법.

Filluffo, Anthony and Richard Fry. 2019. An Early Look at the 2020 Electorate, Pew Research Center Report.

Frey, William H. 2022. Midterm Exit Polls Show that Young Voters Drove Democratic Resistence to the 'Red Wave', (https://www.brookings.edu/research/midterm-exit-polls-show-that-young-voters-drove-democratic-resistance-to-the-red-wave/ 검색일 2022. 10.8.).

저자 소개

저자 김경곤은 디지털 트랜스포메이션 전문가이다. 서강대학교 경영전문대학원을 졸업하고 경영학 박사학위를 받았다.

그는 1995년 동남은행 재직 시 국내 최초로 '가상계좌시스템'을 기획하여 금융결제원에 가입하지 못한 금융기관의 입금 업무를 자동화하는 데 기여하였고 가상계좌는 현재까지도 전 산업군이 유용하게 사용하고 있다. 1999년에는 '웹케시'를 설립하여 영업점이 부족한 제2금융권을 위해 국내 최초로 편의점에 ATM을 설치하고 공동 사용하도록 하였으며, 2002년에는 국내 최초로 '무인 공과금 수납 시스템'을 개발하여 공과금 창구를 줄였다.

현재는 기업에 개인 정보를 제공하는 소비자의 막연한 불안감을 해소하고 정보통제권을 소비자에게 환원하는 소비자 중심 헬스데이터 케어 플랫폼 〈체크업 플러스〉를 개발 및 운영하고 있다.

수상 경력

2003 한국일보 디지털이노베이션대상 정보통신부장관상
2013 중소기업진흥공단 이사장 표창
2018 서울시장 표창
2019 중소벤처기업부 장관 표창

마이데이터 비즈니스

초판발행	2023년 10월 6일
지은이	김경곤
펴낸이	안종만 · 안상준
편 집	소다인
기획 / 마케팅	최동인
표지디자인	BEN STORY
제 작	고철민 · 조영환
펴낸곳	(주) **박영사**
	서울특별시 금천구 가산디지털 2로 53, 210호(가산동, 한라시그마밸리)
	등록 1959. 3. 11. 제300-1959-1호(倫)
전 화	02)733-6771
f a x	02)736-4818
e-mail	pys@pybook.co.kr
homepage	www.pybook.co.kr
ISBN	979-11-303-1866-0 93320

정 가 18,000 원